Bibliografische Information der Deutschen Nationalbibliothek:

Die Deutsche Nationalbibliothek verzeichnet diese Publikation in der Deutschen Nationalbibliografie; detaillierte bibliografische Daten sind im Internet über http://dnb.d-nb.de abrufbar.

Impressum:

Copyright © 2013 ScienceFactory

Ein Imprint der GRIN Verlags GmbH

Druck und Bindung: Books on Demand GmbH, Norderstedt, Germany

Coverbild: von Unbekannt [Public domain], via Wikimedia Commonspixabay.com

Schillers „Maria Stuart"
Eine Analyse aus fünf Blickwinkeln

Alexander Monagas: Maria und ihre Verwandlung zur „schönen Seele" als Rechtfertigung ihrer Position als Titelheldin und moralischen Siegerin im Vergleich zu ihrer Kontrahentin Elisabeth in Friedrich Schillers „Maria Stuart" 7

    Einleitung 8

    Schillers Heldenideal der „schönen Seele" 9

    Die charakterstarken Königinnen: Maria und Elisabeth 12

    Der Konflikt der Königinnen 17

    Wer ist die Verurteilte: Maria oder Elisabeth? 22

    Fazit: Maria ist die Heldin und „siegt" über Elisabeth 24

    Literatur 26

Dominik Gerhard: Eine moralkritische Analyse der Elisabeth in Schillers „Maria Stuart" 27

    Einleitung 28

    Abschlussbetrachtung 46

    Bibliographie 48

Lukas R. Kroll: Lord Leicester und Mortimer als Kontrastfiguren? – Eine Analyse anhand Friedrich Schillers „Maria Stuart" 51

    Einleitung 52

    Hauptteil 53

    Resümee 57

    Literaturverzeichnis 59

Erwin Leibfried: Maria Stuart, Ein Trauerspiel (1801) – Ästhetische Reflexion einer Phase des Absolutismus 61

(1) 62

Schwierigkeit der Thema-Bestimmung – Dessen subjektive und objektive Dimension

Die objektiv-politische Thematik: Entstehung des Absolutismus – Dessen geschichtliche Funktion: innerer Friede nach den religiösen Bürgerkriegswirren – der Herrscher als deformierter Mensch – Macht vs. Recht – die Rolle des Untertan – Ambivalenz Marias

(2) 70

Staatsräson vs. Herz - natürliche Rolle der Frau – Kritik positiver Religion – Täuschung, Verstellung – Öffentlichkeit – Reminiszenzen barocker Anthropologie – Aufklärerische Theoreme – Probleme der absolutistischen Doktrin

(3) 75

Muster scheiternder Kommunikation - asymmetrische Sprechsituation – Könige als Menschen – bürgerliches Trauerspiel – Erschütterung der Position des Souveräns – Schickung und Schuld – katholisches Wesen – Herzlosigkeit – Rolle als Königin und Rolle als Schwester – barocke Ethik als Ideologie – Freiheit

(4) 79

Rodeo der Nebenfiguren – der Wandel Mortimers – Wahrheit des Fanatismus – Tragik der Maria: Retter und Bedroher – Maria Helena Stuart – Mortimer als Posa-Travestie – Leicester und das Scheitern menschlicher Pläne – Burleigh als machiavellistischer Berater – Shrewsbury als aufgeklärter Adliger – Konsensus-Theorie von Wahrheit – Elisabeth als melancholische Herrscherin – Klassische Transponierung des Einzelnen ins Allgemeine – Davison und die Problematik des Handelns

(5) 85

Barocke und tragische Weltsicht – Opposition Himmel vs. Erde – Problematik der Himmelfahrt. Bedeutung des Todes – Vergötterung als Humanisierung - Motivik des bornierten Glaubens – Ästhetisierung des Religiösen – Kritik bornierter Religiosität – Maria als negative Heldin – Zerstörung der Subjekte – Elisabeth als letzte auf der Bühne

(6) 91

Maria Stuart: eine Phase der Menschheitsgeschichte, poetisiert im historischen Drama – zentrale Punkte – Abstrakte, d.i. falsche Entsagung der Maria – Lektüre contra legem

(7) 93

Maria Stuart im Horizont der Gattungsgeschichte - Wielands Lady Johanna Gray - Stoff aus der englischen Geschichte – Aufklärerisches – Empfindsamkeit – barocke Traditionen – Tod als erlösende Erfüllung – Welt als Grab – Platonisches – Schwierigkeiten der Ideologiekritik

Anhang 98

Fritz Hubertus Vaziri: Die Tragödienkonzeption des Aristoteles – Eine Untersuchung anhand von Schillers *Maria Stuart* 101

Einleitung 102

Die Tragödienkonzeption des Aristoteles 102

Zusammenfassung 108

Beleuchtung der *Maria Stuart* 109

Schluss 113

Bibliographie 114

Alexander Monagas:
Maria und ihre Verwandlung zur „schönen Seele" als Rechtfertigung ihrer Position als Titelheldin und moralischen Siegerin im Vergleich zu ihrer Kontrahentin Elisabeth in Friedrich Schillers „Maria Stuart"

Einleitung

Schillers Werk *Maria Stuart* wird in der Forschungsliteratur nicht selten als das „im Technischen vollkommenste und regelmäßigste, am meisten klassische Bühnenstück"[1] Schillers bezeichnet. Mein thematischer Fokus liegt aber nicht auf einer formalen Analyse des Stückes, sondern richtet sich auf die Titelheldin Maria und ihre Kontrahentin Elisabeth. Das Schicksal der Königinnen spielt dabei eine entscheidende Rolle: Wenn doch Elisabeth als Siegerin in diesem Drama hervorgeht, warum ist dann Maria Stuart die Titelheldin?

Schiller definiert im Zusammenhang mit seinem klassischen Held den Begriff der „schönen Seele". Dieses Ideal sollte demnach auch die Titelheldin in *Maria Stuart* aufweisen. Zentraler Aspekt wird daher sein, ob die Titelheldin von Beginn an eine positive Heldin im klassischen Sinne ist, oder ob sie sich erst im Laufe der Handlung dazu entwickelt. Damit einhergehend soll gezeigt werden, dass Schiller sich dem *Maria Stuart* Stoff und den weiblichen Helden mit besonderem Interesse widmete.

Der Figurencharakter der Maria greift in diesem Drama das Motiv der religiösen Märtyrerin auf. Gibt ihre Rivalin Elisabeth durch ihre tyrannischen Verhaltensmuster und ihren handlungstreibenden Motiven Auskunft über Marias Werdegang? Ich werde dies im Zusammenhang mit der Frage nach der „moralischen Siegerin" klären.

Ergebnis der Arbeit soll es sein, die charakteristischen Besonderheiten der Hauptfiguren in ihrem Verhalten bezüglich ihrer Umwelt und gegenüber ihrer Kontrahenten herauszufinden, um dadurch die eigentliche Heldin des Stücks zu bestimmen. Dabei werde ich den „Läuterungsprozess" der Maria nicht vollständig erklären können. Es werden deshalb exemplarische Auszüge der zentralen Stellen angeführt, um den inneren Konflikt Marias mit Elisabeths vergleichen zu können. Dies ist insofern wichtig, da meine Ausführungen zeigen werden, dass Elisabeth zwar unbewusst, aber dennoch maßgeblich am Läuterungsprozess der Marias beteiligt ist. Umgekehrt hat Maria das Schicksal der Elisabeth noch nach ihrem Tode weiterhin beeinflusst. Meine Bewertung der beiden weiblichen Hauptcharaktere läuft nicht auf eine Schwarz-Weiß-Darstellung der Figuren hinaus, sondern berücksichtigt vielmehr die divergierenden Beweggründe beider Frauen.

---

[1] Vgl. Kommentar von Dietrich Bode. In: Friedrich Schiller. Maria Stuart. Reclam, Stuttgart, 2001, S.168

Schillers Heldenideal der „schönen Seele"

In seinen ästhetischen Schriften formuliert Schiller seine Vorstellung von einer humanen Gesellschaft in der Verkörperung einer Gestalt der „schönen Seele":

> *„Eine schöne Seele nennt man es, wenn sich das sittliche Gefühl aller Empfindungen des Menschen endlich bis zu dem Grad versichert hat, dass es dem Affekt die Leitung des Willens ohne Scheu überlassen darf und nie Gefahr läuft, mit den Entscheidungen desselben im Widerspruch zu stehen. Daher sind bei einer schönen Seele die einzelnen Handlungen eigentlich nicht sittlich, sondern der ganze Charakter ist es"*[2]
>
> Der Charakter einer Figur ist es also, der sie zur schönen Seele macht. Ihre Harmonie von körperlichem und sprachlichem Ausdruck sind perfekt und äußerst anmutig. Charakter und äußere Schönheit sind verschmolzen:
> *„In einer schönen Seele ist es also, wo Sinnlichkeit und Vernunft, Pflicht und Neigung harmonieren, und Grazie ist ihr Ausdruck in der Erscheinung."*[3]

Dieses Modell der schönen Seele sollte der zu Schillers Lebzeiten bestehenden Gesellschaft als ideologisches Ideal dienen.[4] Bei Schiller sind es ausschließlich Frauen, denen die Möglichkeit vorbehalten ist eine *schöne Seele* zu werden.

Die „schöne Seele" in der Figur der Maria Stuart

Schiller projizierte seine Vorstellung eines idealen Menschen auf die Gestalt der *Maria Stuart*. Jedoch besitzt sie nicht gleich von Beginn an diese Ideale. Anfangs agiert sie eher sprunghaft, leidenschaftlich und unvernünftig. Sie hat in der Vergangenheit durch Beihilfe am Mord ihres Gatten schwere Schuld auf sich geladen und ist sich dessen auch bewusst:

> *„[...] und lud die schwere Schuld auf mein so junges Leben." (I, 4)*[5]

Es bedarf im Laufe des Dramas einer Wandlung zur schönen Seele. Dies vollzieht sich aber nicht so abrupt, wie Schiller es durch Kennedy beschreibt:

---

[2] Schiller: Über Anmut und Würde. Schiller-SW Bd. 5, S. 468
[3] Ebd. S. 468-469
[4] vgl. Gert Ueding: Schillers Rhetorik. Idealistische Wirkungsästhetik und rhetorische Tradition. Max Niemeyer Verlag, Tübingen, 1971, S. 63.
[5] Schiller, Friedrich: Maria Stuart. Reclam Verlag, Stuttgart, 2001, V. 296. (= Reclam 64).

> *„Man löst sich nicht allmählich von dem Leben!*
> *Mit einem Mal, schnell augenblicklich muss*
> *Der Tausch geschehen zwischen Zeitlichem*
> *Und Ewigem, und Gott gewährte meiner Lady*
> *In diesem Augenblick der Erde Hoffnung*
> *Zurückzustoßen mit entschlossner Seele,*
> *Und glaubenvoll den Himmel zu ergreifen."* (V,1)[6]

Im Gegensatz zum ersten Eindruck, dass sich der Prozess plötzlich und erst kurz vor ihrer Hinrichtung vollzieht, lassen sich im gesamten Drama Hinweise auf eine langsam stattfindende Entwicklung ausmachen. Maria durchläuft einen inneren Konflikt zwischen ihrer Findung zur eigenen Identität und den Einflüssen aus ihrem Umfeld. Daher kann diese Wandlung nur ein langsamer Prozess der Selbstverwirklichung sein. Gert Ueding beschreibt diesen Vorgang folgendermaßen:

> *„Die Erhabenheit wird zu einem Ideal, nach dem der Mensch als Gipfel seiner Selbstverwirklichung zu streben hat. Diese Selbstverwirklichung fällt ihm nicht zu, er verdankt sie nicht seinen Vorfahren, dem qua Geburt garantierten Stand, sondern – erreicht er sie – ist sie auch sein eigener Verdienst, Folge eines Bildungsprozesses an sich selber, abzulesen an seinen Taten und Werken."*[7]

Ihre Haltungen und Taten gegenüber anderen Figuren im Stück lassen Maria also erst am Ende als schöne Seele erscheinen. Dennoch beginnt der Entwicklungsprozess schon zu Beginn des Stückes. Ein Beispiel dafür ist, dass sie sich mehr Sorgen um ihr Gefolge, als um ihr eigenes Schicksal macht: „[…] doch beruhigt will ich sein, dass die Getreuen nicht leiden und entbehren."(I,2)[8]

Doch erst eine vollständige Wandlung ihres Charakters in allen Lebenslagen würde sie zu schönen Seele machen. Diese Verwandlung zeichnet sich während der Begegnung der Königinnen bereits ab. Als sie von ihrer Rivalin Elisabeth Erniedrigungen erdulden muss, bewahrt Maria Haltung: „Fahr hin, ohnmächt'ger Stolz der edeln Seele!" (III,4)[9]

Am Ende des Dramas kann sie schließlich allem Irdischen entsagen und ist für ihren Tod gewappnet:

---

[6] Schiller, Friedrich: Maria Stuart. V. 3402 ff
[7] Ueding, Gert: Schillers Rhetorik. S. 71
[8] Schiller, Friedrich: Maria Stuart. V. 206 f
[9] Ebd., V. 2246

> *„Nun hab ich nichts mehr*
> *Auf dieser Welt –*
> *(Sie nimmt das Kruzifix und küsst es.)*
> *Mein Heiland! Mein Erlöser!*
> *Wie du am Kreuz die Arme ausgespannt,*
> *so breit sie jetzt aus, mich zu empfangen."* $(V,9)^{10}$

Erst kurz vor ihrem Tod erreicht Maria die vollkommene Reinheit mit sich selbst und ihrer Umwelt. Daher scheint ihre innere Wandlung als plötzlicher Durchbruch stattzufinden. Doch erst die selige Harmonie und das Freimachen von menschlichem Verlangen machen sie zur *schönen Seele*.

Schillers Charaktere sind „von der Geschichte hergegeben" [11]

Vor Schiller haben sich bereits zahlreiche Schriftsteller mit dem Stoff der *Maria Stuart* auseinandergesetzt. Er besitzt eine lange Tradition, die Schiller ausgiebig studierte und schnell beschloss, diesem Stoff ein eigenes Drama zu widmen. Dass er dabei kein Interesse an den üblichen dramatischen Charakteren hatte, bekundete er in einem Brief an Goethe. Er schreibt, Stoffe von „Soldaten, Helden und Herrschern […] jetzt herzlich satt"[12] zu haben. Auch wenn *Maria Stuart* erneut ein Herrscherschicksal zum Gegenstand hat, so verschafft der Autor seiner Phantasie weitgehend Freiheit über die Geschichte und folgt seinen literarischen Vorläufern nur in der Handhabung des Stoffes: neben der Figur des Mortimer ist sowohl das Verhältnis zwischen Maria und Leicester, sowie die Begegnung der beiden Königinnen erfunden.[13] Die Wandlung der Maria entstammt ebenfalls seiner dichterischen Phantasie.

1783 hatte Schiller sich bereits von Robertson, einem Bibliothekar aus Meiningen, die Geschichte von Schottland ausgeliehen, um sich dem Stoff anzunehmen. Da er zu dieser Zeit sehr mit seinem *Fritz Imhoff* und *Don Carlos* beschäftigt war, vernachlässigte er jedoch die Arbeiten an *Maria Stuart*.

Der jugendliche Dichter Schiller schrieb *Maria Stuart* in der Zeit der *Weimarer Klassik*. Diese Epoche wurde durch das Humanismusideal, sowie das

---

[10] Vgl. Schiller, Friedrich: Maria Stuart. V. 3815 ff
[11] Schillers Brief vom 11.06.1799 an Goethe
[12] Schillers Brief vom 19. 03.1799 an Goethe
[13] Vgl. Matthias Luserke (Hrsg.): Friedrich Schiller Dramen IV. Deutscher Klassiker Verlag, 1996, S. 541

aufgeklärte und rationale Bewusstsein des Menschen geprägt. In Schillers Gedankenaustausch mit Goethe beschreibt er selbst die Figur der Maria Stuart wie folgt:

> *„Meine Maria wird keine weiche Stimmung erregen, es ist meine Absicht nicht, ich will sie immer als ein physisches Wesen halten, und das Pathetische muss mehr eine allgemeine tiefe Rührung als ein persönlich und individuelles Mitgefühl sein."*[14]

Die eingeleitete Katastrophe bereits in der ersten Szene dient dazu, auf die enorme Tragik des Stoffs aufmerksam zu machen. Indem die Handlung des Stückes sich davon weg zu bewegen scheint, wird die endgültige Katastrophe immer näher geführt. Damit hatte Schiller optimale Dramatik, seiner Maria eine Wandlung zur schönen Seele zu ermöglichen.

Die charakterstarken Königinnen: Maria und Elisabeth

Beide Königinnen sind in ihrer äußeren Erscheinung von besonderer weiblicher Schönheit. Schiller wollte damit erreichen, dass man für beide Figuren gleichermaßen Mitleid das Sympathie oder Abneigung hegen kann.[15] Ebenfalls verbindet Maria und Elisabeth ihre jeweilige Stellung als Repräsentantin einer staatlichen Macht *und* als weibliche Rivalin. Dieser Umstand macht das Drama zu einem „Widerspiel von Öffentlichkeit und Privatheit, von geschichtlich-gesellschaftlichem und privat-psychischen Prozessen."[16]

Maria Stuart ist nicht von Anfang an die positive Heldin

Marias Charakter wird von Schiller sowohl als lasterhaft, als auch als liebenswürdig und tugendhaft dargestellt. Diese Zuordnung an Eigenschaften lassen Maria als „ambivalentes Wesen erscheinen."[17] Ihre äußerliche Gestalt hat Schiller mit einer auffallend natürlichen Schönheit und damit verbunden einer enormen Anziehungskraft auf Männer ausgestattet. Mortimer verfällt ihr zunächst allein durch das Betrachten eines Porträts:

---

[14] Schillers Brief vom 18. 06.1799 an Goethe
[15] Vgl. Matthias Luserke: Friedrich Schiller Dramen IV. S. 577
[16] Vgl. Ebd., S. 578
[17] Vgl. Ebd., S. 578

„Eines Tages, als ich mich umsah in des Bischofs Wohnung,
Fiel mir ein weiblich Bildnis in die Augen,
Von rührend wundersamen Reiz, gewaltig
Ergriff es mich in meiner tiefsten Seele,
Und des Gefühls nicht mächtig stand ich da." (I,6)[18]

Gert Sautermeister beschreibt dies als Schönheit, die „nur eine Schönheit der Gestalt und nicht von vornherein auch eine der Menschlichkeit"[19] ist. So unterliegt ihre *innere* Schönheit zunächst ihrer *äußeren* Erscheinung. Erst in der Todesszene findet ihre innere Vollkommenheit mit der vollkommenen Schönheit ihrer menschlichen Gestalt zusammen. Ihre „religiöse Läuterung" als Höhepunkt ihrer gewonnen Vollkommenheit übersteigt sogar das Maß des Normal-Menschlichen: „Lebt wohl! – Jetzt hab ich nichts mehr auf der Erden!" (V,9)[20]

Maria besitzt weiterhin eine besondere „weibliche Vitalität"[21], die ihr von mehreren Figuren bezeugt wird. Im Gegensatz zu Elisabeth, hat Maria in ihrer Vergangenheit mehrere Männer mit ihren Reizen beglückt. Diese Freizügigkeit lässt bei Elisabeth Neid auf eine ausgelebte Lebensfreude aufkommen. Elisabeth hegt eine verborgene Sehnsucht auf den Lebenswandel ihrer weiblichen Rivalin:

„Der Stuart wards vergönnt,
Die Hand nach ihrer Neigung zu verschenken,
Die hat sich jegliches erlaubt, sie hat
Den vollen Kelch der Freuden ausgetrunken." (II,9) [22]

Ebenso ausgeprägt wie Marias körperlicher Anmut, ist ihre Charakterstärke. Trotz langer Gefangenschaft und wiederholten Misshandlungen hat sie ihre königliche Würde nicht eingebüßt. Maria ist „von Leid und Schuld gezeichnet, aber nicht gebrochen."[23] Ihr Leiden wird von Elisabeth bewusst als Druckmittel eingesetzt, da sie Maria nicht nur als rechtmäßige Königin fürchtet, sondern auch als gefährliche, religiöse Feindin ansieht. Marias katholische Konfession erschwert ihr zusätzlich das Leben in englischer Gefangenschaft. Amias Paulet,

---

[18] Schiller, Friedrich: Maria Stuart. V. 501 ff
[19] Vgl. Gert Sautermeister: Idyllik und Dramatik im Werke Schillers. Zum geschichtlichen Ort seiner klassischen Dramen, Stuttgart, 1971, S.210
[20] Schiller, Friedrich: Maria Stuart. V. 3838
[21] Vgl. Rachid Jai Mansouri: Die Darstellung der Frau in Schillers Dramen. Peter Lang Verlag, Frankfurt, 1988, S. 291
[22] Schiller, Friedrich: Maria Stuart. V. 1974 ff.
[23] Vgl. Adolf Beck: Schiller. Maria Stuart. In: B. v. Wiese (Hrsg.): Das deutsche Drama. Vom Barock bis in die Gegenwart. Interpretationen I, Düsseldorf, 1968, S. 313

der Bewacher von Maria, macht ihrer Amme Hanna Kennedy folgenden Vorwurf:

> *„Verschworen kam sie gegen Englands Glück,*
> *Der spanischen Maria blutge Zeiten*
> *Zurück zu bringen, Engelland katholisch*
> *Zu machen, an den Franzmann zu verraten."* (I,1)[24]

Doch gerade Marias zunehmende Zuflucht in die Religion ist eine Art „Sieg der moralischen Gesinnung über die sinnliche Natur."[25] Dadurch erreicht Sie eine moralische Sicherheit, die sie furchtlos gegenüber ihrem bevorstehenden Schicksal macht. Maria kann damit ihre Sinnlichkeit zwar nicht völlig überwunden, hat aber trotzdem weitgehend die Kontrolle über ihr Handeln der Vernunft und Religion unterstellt. So wird im 5.Akt dieser Zustand besonders deutlich, als man ihr die Nachricht über die bevorstehende Hinrichtung überbringt. Mit Fassung und würdiger Gelassenheit nimmt sie ihr Schicksal hin. Die Standhaftigkeit der Königin vor dem Schrecken des Todes setzt nach Schiller „eine Erhebung der menschlichen Natur"[26] voraus. Marias Amme bezeugt dies, indem sie folgendes berichtet:

> *„Melvil! Ihr seid im Irrtum, wenn ihr glaubt,*
> *Die Königin bedürfe unsers Beistands,*
> *Um standhaft in den Tod zu gehen! Sie selber ist's,*
> *Die uns das Beispiel edler Fassung gibt.*
> *Seid ohne Furcht! Maria Stuart wird*
> *Als eine Königin und Heldin sterben."* (V,1)[27]

Maria erscheint durch eine metaphysische Verwandlung von einer menschlichen Person, zu einer Heiligen geworden zu sein.[28] Ihre königliche Würde und ihre Wandlung zur geläuterten schönen Seele lassen am Ende des Dramas ihre positiven Eigenschaften als Heldin deutlich überwiegen. Sie stirbt als religiöse Märtyrerin und wahre Heldin.

---

[24] Schiller, Friedrich: Maria Stuart. V. 101 ff
[25] Vgl. Mansouri, Rachid J.: Die Darstellung der Frau in Schillers Dramen. S. 299
[26] Vgl. Schiller: Vom Erhabenen. Schiller-SW Bd. 5, S. 496
[27] Schiller, Friedrich: Maria Stuart. V. 3375 ff
[28] Vgl. Mansouri, Rachid J.: Die Darstellung der Frau in Schillers Dramen. S. 285

Elisabeth ist die rivalisierende Tyrannin

In erster Linie ist *Maria Stuart* eine weitere Gegenüberstellung zweier sich rivalisierender Frauen.[29] Im Gegensatz zu den zumeist erfundenen Handlungen, ist der dargestellte Konflikt von Maria und Elisabeth historisch bewiesen.[30] Noch bevor Elisabeth das erste Mal im Stück auftritt, werden schon ihre ersten negativen Charakterzüge bekannt:

„Gastfreundlich hätte England sie empfangen?
Die Unglückselige, die seit dem Tage,
Da sie den Fuß gesetzt in dieses Land,
Als eine Hilfeflehende, Vertriebene,
Bei der Verwandten Schutz zu suchen kam,
Sich wider Völkerrecht und Königswürde
Gefangen sieht, in enger Kerkerhaft
Der Jugend schöne Jahre muss vertrauern." (I,1)[31]

Ebenso wird Elisabeth von ihrem eigenen Untertanen als gewissenlose Frau bezeichnet, die nicht davor zurückschreckt, ihre Rivalin durch Meuchelmord auszuschalten:

„Solang ihr lebt,
Lebt auch die Furcht der Königin von England.
Euch kann kein Kerker tief genug begraben,
Nur Euer Tod versichert ihren Thron." (I,6)[32]

Elisabeth sieht sich selbst als Sklavin ihres eigenen Volkes. Sie fühlt sich zum Handeln gezwungen und bangt um ihre Selbstständigkeit als Königin. Ihre Angst richtet sich gegen ihre Befürchtung, nur noch als minderwertige Frau statt als machthabende Königin betrachtet zu werden. Ihr stetiges Pflichtgefühl gegenüber dem englischen Volk, dessen Meinung sie über die ihre stellt, ermüden sie:

„O Sklaverei des Volksdiensts! Schmähliche
Knechtschaft – Wie bin ich's müde, diesem Götzen
Zu schmeicheln, den mein Innerstes verachtet!" (IV,10)[33]

---

[29] Vgl. Mansouri, Rachid J.: Die Darstellung der Frau in Schillers Dramen. S. 308
[30] Vgl. Ebd., S. 308
[31] Schiller, Friedrich: Maria Stuart. V. 85 ff
[32] Ebd., V. 596 ff
[33] Ebd., V. 3190 ff

Doch ist dieses Gefühl wohl eher auf ihre Unfähigkeit zurückzuführen, zwischen „königlichen Pflichten und ihrer weiblichen Gefühlsregung zu unterscheiden."[34] Ihre wahren Absichten deckt Elisabeth selbst auf, als sie Mortimer mit der Ermordung von Maria beauftragt:

> *„Ich wollte die Gesetze handeln lassen,*
> *Die eigene Hand vom Blute rein behalten.*
> *Das Urteil ist gesprochen. Was gewinn ich?*
> *Es muss vollzogen werden, Mortimer!" (II,5)* [35]

Elisabeth ist zu diesem Zeitpunkt emotional stark belastet und daher fest entschlossen, Marias Todesurteil zu unterschreiben. Als sie jedoch das Urteil zur Unterzeichnung in den Händen hält, überkommen sie Zweifel, ob sie im Sinne der *ganzen* Bevölkerung handelt. Sie gibt vor, eine höhere Instanz in dieser Angelegenheit zu Rate zu ziehen:

> *„Man überlasse mich mir selbst! Bei Menschen ist*
> *Nicht Rat noch Trost in dieser großen Sache.*
> *Ich trage sie dem höheren Richter vor.*
> *Was der mich lehrt, das will ich tun – Entfernt euch,*
> *Mylords! (IV,10)* [36]

Entgegen ihrer Äußerung treten nun erneut ihre negativen Seiten zum Vorschein. Getrieben von Hass- und Rachegefühlen verzichtet sie auf ein Gebet zu Gott und ist bereit, ihre Rachsucht durch das Todesurteil zu stillen: „Ohnmächtige! Ich führe bessere Waffen." (IV,11)[37]

Elisabeth versucht die Gewalt durch „den Anschein von Recht"[38] zu legitimieren. Da die offensichtliche Ungerechtigkeit vor ihrem Volk nicht verheimlicht werden kann, nutzt sie die Leichtgläubigkeit des unerfahrenen Davison aus, um den Schein der Gerechtigkeit zu wahren:

---

[34] Vgl. Mansouri, Rachid J.: Die Darstellung der Frau in Schillers Dramen. S. 309
[35] Schiller, Friedrich: Maria Stuart. V. 1592 ff
[36] Ebd., V. 3185 ff
[37] Ebd., V. 3241
[38] Vgl. Rüdiger Zymner: Friedrich Schiller. Dramen. Bd. 8. Berlin, 2002, S. 110

> *„Ja, Sir! Gott legt ein wichtig groß Geschick*
> *In Eure schwachen Hände. Fleht ihn an,*
> *Dass er mit Weisheit Euch erleuchte.*
> *Ich geh und überlass Euch Eurer Pflicht!" (IV,11)*[39]

Dennoch kann sie sich damit nicht vollständig von ihrer Angst vor der öffentlichen Meinung befreien. Im Gegensatz zur geläuterten Maria muss die vereinsamte Elisabeth am Ende hilflos ihr Schicksal erleiden. Alle ihre Verbündeten im Kampf gegen Maria verliert sie durch ihr ungerechtes Urteil. Ihr letzte Hoffnung setzt sie daher auf den Mann, den sie liebt: Lord Leicester. Doch auch er erweist sich für sie als Enttäuschung. Das Drama endet mit den Worten: „Der Lord lässt sich / Entschuldigen, er ist zu Schiff nach Frankreich." (V,15)[40]

Elisabeth ist es, die als Despotin reale Macht ausübt. Ihre Willkürlichkeit im Umgang mit bestehenden Gesetzen ihres eigenen Landes ist ein deutliches Zeichen ihrer Gewaltherrschaft.

Sie verkörpert damit die rivalisierende Frau und die tyrannische Herrscherin im Kampf um Liebe und Krone.

Der Konflikt der Königinnen

Der Konflikt zwischen beiden Königinnen gründet vor allem darauf, dass Maria die Rechtmäßigkeit von Elisabeths Thronanspruch, sowie den Edinburgher Vertrag nicht anerkennt. Maria möchte ihren eigenen Anspruch auf die Krone Englands geltend machen. Sie wird daher in England als Staatsfeindin empfunden:

> *„[...] den Arm zu strecken in die Welt, die Fackel*
> *Des Bürgerkrieges in das Reich zu schleudern,*
> *Und gegen unsre Königin, die Gott*
> *Erhalte! Meuchelrotten zu bewaffnen." (I,1)*[41]

Ihr Bewacher Paulet bringt dies vor ihrer Amme Kennedy mit seiner Anschuldigung auf den Punkt:

---

[39] Schiller, Friedrich: Maria Stuart. 3279 ff
[40] Schiller, Friedrich: Maria Stuart. V. 4033 f
[41] Ebd., V. 65 ff

„Warum verschmähte sie's, den Edinburgher
Vertrag zu unterschreiben, ihren Anspruch
An England aufzugeben, und den Weg
Aus diesem Kerker schnell sich aufzutun
Mit einem Federstrich?" (I,1)[42]

Für Elisabeth stellt Maria somit eine ständige Bedrohung ihrer Machtstellung in England dar. Die Verurteilung ihrer Feindin ist ein ungerechtes Mittel, dass auf Gewalt basiert. Maria fühlt sich in diesem Kampf benachteiligt: „Denn nicht vom Rechte, von Gewalt allein / Ist zwischen mir und Engelland die Rede." (I,7)[43]

Elisabeth sieht in Maria nicht nur ihre Thronkonkurrentin, sondern auch eine „Feindin ihres Geschlechts."[44] Maria erkennt die Übermacht des Patriarchats und die Unterlegenheit der Frauen in diesem System an. Da Elisabeth sich als weibliche Königin im ständigen Kampf mit dem männlich geprägten Herrschaftsbild behaupten muss, ist Marias Haltung für sie untragbar. Weiterhin empfindet Elisabeth eine Bedrohung der eigenen Liebe, da sie befürchtet, Leicester könnte dem Charme von Maria unterliegen: „Ja, es ist aus, Lady Maria. Ihr verführt / Mir keinen mehr. Die Welt hat andre Sorgen." (III,4)[45]

Der Konflikt der Königinnen ist gleichermaßen privater, familiärer, religiöser und politischer Natur. Eine unverkennbar hohe Dramatik also, die Schiller für diese Stück wählte.

Marias „Läuterung" durch ihren inneren Konflikt

Maria Stuart gewinnt am Ende in Schillers Drama ihre über der Leidenschaft stehende Souveränität zurück. Dies geschieht ohne psychologische Plausibilität, als schöne Seele also, die das heldenmütigste Opfer so zwanglos auf sich nimmt, dass es wie eine freiwillige Wirkung erscheint. Ob damit in Form einer „Synthese der prinzipielle Antagonismus zwischen Trieb und Vernunft überwunden"[46] ist, bleibt in der Literaturwissenschaft immer noch strittig. Die

---

[42] Ebd., V. 105 ff
[43] Ebd., V. 957 f
[44] Vgl. Mansouri, Rachid J.: Die Darstellung der Frau in Schillers Dramen. S. 329
[45] Schiller, Friedrich: Maria Stuart. V. 2407 f
[46] Vgl. Gert Sautermeister: Maria Stuart – Ästhetik, Seelenkunde, historisch-gesellschaftlicher Ort. In: Walter Hinderer (Hrsg.): Schillers Dramen. Stuttgart 1992. S. 323

Wandlung Maria Stuarts vollzieht sich als ein Verzicht ganz in der Märtyrertradition. Die typischen Requisiten dieser Geste finden sich im Schlussakt: „Ich will vergessen, wer ich bin, und was [...]"(III,4)[47]
Erinnert die sinnlich empfindende Maria eher an die *Femme fatale* der Vergangenheit („Sie könnt es wagen, mein gekröntes Haupt / Schmachvoll auf einen Henkerblock zu legen?" (I,6)[48]), so sieht die verwandelte Königin am Ende ihrem Tod gelassen entgegen; mit einer überraschend kühlen Haltung sogar. Schiller verzichtet auf die Ausarbeitung eines Monologs, der Marias Wandel näher hätte begründen können. Maria bestreitet damit keinen Modellfall für erhabenen Widerstand gegen ihre äußere Zwangslage. Vielmehr gewinnt sie ihre Würde erst unter den Bedingungen des Leidens:

„Der Königin von England
Bringt meinen schwesterlichen Gruß – Sagt ihr,
Dass ich ihr meinen Tod von ganzem Herzen
Vergebe, meine Heftigkeit von gestern
Ihr reuevoll abbitte – Gott erhalte sie,
Und schenk ihr eine glückliche Regierung!" (V,8)[49]

Der Erprobungsfall des ethischen Prinzips von Schiller ist die individuelle Krisensituation, in der sich Maria nicht als erhabener Charakter im Kampf mit den Widrigkeiten des Lebens, sondern als *schöne Seele* profilieren muss. Es ist die große Geste, mit der sich Maria am Ende des Dramas in ihr Schicksal fügt: „Gott würdigt mich, durch diesen unverdienten Tod / Die frühe schwere Blutschuld abzubüßen." (V,7)[50]

Ebenso ist die Qualität des Anmuts für Marias Charakter maßgebend. Zu ihren Attributen gehört nicht die Würde des erhabenen Widerstandsgeistes, sondern die in der individuellen Lebensäußerung wirksame Intuition.

In der Figur der Maria lässt sich das *Gegeneinander* und das problematische *Miteinander* „von Leib und Seele, Stoff und Geist, Erde und Himmel, Diesseits und Jenseits, Zwang und Freiheit, Welt und Ewigkeit"[51] als Auseinandersetzung Schillers mit den philosophischen Schriften aus dem Jahrzehnt von Kant verstehen. Maria selbst gibt Aufschluss darüber, dass sie ihre Verwandlung zur

---

[47] Schiller, Friedrich: Maria Stuart. V. 2247
[48] Ebd., V. 600 f
[49] Schiller, Friedrich: Maria Stuart. V. 3783 ff
[50] Ebd., V. 3735 f
[51] Vgl. Helmut Koopmann (Hrsg.): Schiller-Handbuch, Alfred Kröner Verlag, Stuttgart, 1998, S. 415

schönen Seele als *religiöses Wunder* ansieht: „Da wird die Glut zur Flamme, und beflügelt / Schwingt sich der Geist in alle Himmel auf." (V,7)[52]

Maria versöhnt sich vor ihrem Tode mit ihren Feinden. Sie legt die Beichte ab und sorgt für klare Verhältnisse. Ihre Rachegefühle wandeln sich in freimütige Vergebung. Sie hat den inneren Konflikt überwunden: „Es war der schwerste Kampf, den ich bestand / Zerrissen ist das letzte ird'sche Band."(V,7)[53]

Elisabeth als „moralische Verliererin"

Bleibt Maria die aus politischen Gründen Internierte, so ist Elisabeth die Gefangene ihres Amtes. Auffällig ist die Ambivalenz der Urteile über Elisabeths Machtmonopol. Paulet betont im Gespräch mit Maria die Kontrollfunktion des Parlaments, dem die Königin juristisch unterworfen bleibt:

> „Englands Beherrscher brauchen nichts zu scheuen,
> Als ihr Gewissen und ihr Parlament.
> Was die Gerechtigkeit gesprochen, furchtlos,
> Vor aller Welt wird es die Macht vollziehn." (I,2)[54]

Burleigh hält „des Volkes Wohlfahrt"(IV,10)[55] für das Idealziel von Elisabeths Entscheidungen. Talbot jedoch verweist die Königin ausdrücklich auf ihre absolute Machtfülle, wenn er sie zu bewegen sucht, Maria zu schonen. Ähnlich argumentiert Leicester, der das *Gesetz des Sachzwangs* nicht anerkennen mag und auch die Kontrollfunktion des Parlaments in Zweifel zieht. An die Stelle der Stimmenmehrheit, die kaum zur politischen Entscheidungsbildung qualifiziert, möchte er den unbedingten Souveränitätsanspruch des freien Rechts treten lassen, das sich in den Handlungsoptionen der Herrscherin bekundet.[56] Talbot warnt Elisabeth mit den Worten: „Sag nicht, du müssest der Notwendigkeit / Gehorchen und dem Dringen deines Volks." (II,3)[57]

Vom Souveränitätsideal der frühen Neuzeit weicht das Herrschermodell Schillers deutlich ab. Elisabeth sieht sich als Sklavin der allgemeinen Meinung, die keine Entscheidung ohne Rücksicht auf die Öffentlichkeit fällen kann:

---

[52] Schiller, Friedrich: Maria Stuart. V. 3612 f
[53] Ebd., V. 3690 f
[54] Schiller, Friedrich: Maria Stuart. V. 247 ff
[55] Ebd., V. 3182 f
[56] Vgl. Rüdiger Zymner: Friedrich Schiller. Dramen. S. 111
[57] Schiller, Friedrich: Maria Stuart. V. 1330 f

> *"O meine Lords! Wer sagt mir, ob ich wirklich*
> *Die Stimme meines ganzen Volks, die Stimme*
> *Der Welt vernehme! Ach wie sehr befürcht ich,*
> *Wenn ich dem Wunsch der Menge nun gehorcht,*
> *Dass eine ganz verschiedne Stimme sich*
> *Wird hören lassen – ja dass eben die,*
> *Die jetzt gewaltsam zu der Tat mich treiben,*
> *Mich, wenn's vollbracht ist, strenge tadeln werden!" (IV,8)*[58]

Dieser empfundene Druck der öffentlichen Meinung prägt das Selbstbild der Monarchin maßgebend. Gerade weil Elisabeth die Sklavin der öffentlichen Stimmung ist, bleibt ihre Rolle prekär. Die absolute Macht erweist sich so als widersprüchlich gewordenes Privileg im Raum einer kompliziert strukturierten Ordnung modernen Zuschnitts.[59]

Die Figur der Elisabeth versucht Schiller durch diese Enttäuschungen und ihre Zweifel dennoch als *menschlich* darzustellen. Gerade ihre schicksalhaften Wendungen lassen sie zum Opfer ihrer „betönt männlich konzipierten Stellung"[60] werden. Besonders in der Begegnungsszene der beiden Königinnen gilt das Mitleid des Zuschauers der unterlegenen Elisabeth. Ausgerechnet Maria ist es in dieser Szene, die statt sachlich und gerecht zu bleiben, äußerst beleidigend und geschmacklos wird:

> *"Der Thron von England ist durch einen Bastard*
> *Entweiht, der Briten edelherzig Volk*
> *Durch eine list'ge Gauklerin betrogen." (III,5)*[61]

Weil die Souveränität der Königin durch ein Rollenmodell eingeschränkt wird, sieht sie sich am entscheidenden Punkt genötigt, ihre politische Sicherheit durch Gewalt zu garantieren. Im Gegensatz zu Marias Entwicklung kann sie den entscheidenden Schritt zur Selbstverwirklichung nicht machen. Elisabeth bleibt Gefangene ihres Schicksals und muss mit ihrer Schuld weiterleben. Die englische Königin ist sich ihrer moralischen Ungerechtigkeit durchaus bewusst und versucht dies ebenso bewusst als eine Intrige des Hofes darzustellen:

---

[58] Ebd., V. 3069 ff
[59] Vgl. Mansouri, Rachid J.: Die Darstellung der Frau in Schillers Dramen. S. 309
[60] Vgl. Helmut Koopmann: Schiller-Handbuch. S. 422
[61] Schiller, Friedrich: Maria Stuart. V. 2447 ff

> *„Und Ihr vollstrecktet ihn,*
> *Rasch, ohne meinen Willen erst zu wissen?*
> *Das Urteil war gerecht, die Welt kann uns*
> *Nicht tadeln, aber Euch gebührte nicht,*
> *Der Milde unsres Herzens vorzugreifen –*
> *Drum seid verbannt von unserm Angesicht!*
> *Zu Davison.*
> *Ein strengeres Gericht erwartet Euch,*
> *Der seine Vollmacht frevelnd überschritten,*
> *Ein heiliganvertrautes Pfand veruntreut.*
> *Man führ ihn nach dem Tower, es ist mein Wille,*
> *Dass man auf Leib und Leben ihn verklage."* (V,15)[62]

Gerade in dieser Szene wird Elisabeth durch Shresbury ihr unverzeihliches moralisches Zerwürfnis vor Augen geführt:

> *„Ich habe wenig*
> *Getan – Ich habe deinen edlern Teil*
> *Nicht retten können. Lebe, herrsche glücklich!*
> *Die Gegnerin ist tot. Du hast von nun an*
> *Nichts mehr zu fürchten, brauchst nichts mehr zu achten."* (V,15)[63]

Kurz darauf endet das Stück. Im Gedächtnis bleibt dem Rezipienten eine schändliche Elisabeth, die durch ihren negativen Charakter und ihr unmoralisches Verhalten die Hauptschuld an Marias Tod trägt. Ihr Schicksal ist es, als verlassene Frau und gescheiterte Königin mit ihrem schlechten Gewissen weiterzuleben.

Wer ist die Verurteilte: Maria oder Elisabeth?

Mit Maria stirbt zwar eine Mörderin, doch indem sie für etwas hingerichtet wird, was sie *nicht* begangen hat, richtet sie zugleich ihre Rivalin. Allerdings vollzieht sich Marias immer wieder hervorgehobene Läuterung zur schönen Seele erst im Angesicht des Todes:

> *„Jetzt, da ich auf dem Weg bin, von der Welt*
> *Zu scheiden, und ein selger Geist zu werden,*

---

[62] Ebd., V. 4002 ff
[63] Schiller, Friedrich: Maria Stuart. V. 4028 ff

> *Den keine ird'sche Neigung mehr versucht,*
> *Jetzt, Leicester, darf ich ohne Schamerröten*
> *Euch die besiegte Schwachheit eingestehn – ,, (V,9)*[64]

Ertrug sie ihre Haft als Buße für ihre Vergangenheit noch mit edler Fassung, so lässt sie in der Begegnung mit Elisabeth ihrem „langverhaltenen Groll" (III,4)[65] freien Lauf und bietet im Beisein Leicesters ein Äußerstes an Rachelust und Hohn auf. Diese Szene zeigt ihre durchaus ambivalente Erscheinung. Erst in einem erhabenen Willensakt angesichts des unaufschiebbaren Todes erhebt Maria sich zur schönen Seele. Die moralische Pflicht, wie etwa die verzeihende, versöhnliche Haltung gegenüber Elisabeth ist für sie kein Zwang, sondern eine Neigung. Sie fühlt sich nicht als Verurteile, sondern als Befreite ihres seelischen Leidens: „Gott würdigt mich, durch diesen unverdienten Tod / Die frühe schwere Blutschuld abzubüßen." (V,7)[66]

Marias prächtiger Aufzug in der Todesstunde (Vgl. V,6. Regieanweisung), der Akt der Beichte und der Kommunion spiegeln die paradiesische Koinzidenz von äußerer und innerer Schönheit wieder. Ihrer Selbstbefreiung und die Überwindung des Sinnlichen wird pathetisch-erhaben zelebriert:

> *„Was klagt ihr? Warum weint ihr? Freuen solltet*
> *Ihr euch mit mir, dass meiner Leiden Ziel*
> *Nun endlich naht, dass meine Bande fallen,*
> *Mein Kerker aufgeht, und die frohe Seele sich*
> *Auf Engelsflügeln schwingt zur ewgen Freiheit." (V,6)*[67]

Dass dabei der Verweis auf die Riten des Katholizismus eine durchaus säkularisierte Bedeutung hat, wird in dieser Szene deutlich hervorgehoben.[68] Mortimer wird durch die natürliche Schönheit Marias geblendet. Ihre Befreiung dagegen vollzieht sich in der Innerlichkeit ihrer Seele.

Elisabeth richtet mit dem Todesurteil für Maria daher letztendlich auch sich selbst. Alternativen zu ihrem gewaltsamen Vorgehen sieht sie nicht. Durch die religiöse Läuterung Marias und ihrem Einfluss auf das Elisabeths Schicksal über ihren Tod hinaus, erscheint Elisabeth als die eigentlich Verurteilte. Und zwar zum Leben mit ihrer Schande.

---

[64] Ebd., V. 3827 ff
[65] Ebd., V. 2440
[66] Schiller, Friedrich: Maria Stuart. V. 3735 f
[67] Ebd., V. 3480 ff
[68] Vgl. Mansouri, Rachid J.: Die Darstellung der Frau in Schillers Dramen. S. 297 f

Fazit: Maria ist die Heldin und „siegt" über Elisabeth

Obwohl Elisabeth ihr Ziel erreicht und einen scheinbaren Sieg davonträgt, steht sie am Ende verlassen und alleine da. Davison muss an ihrer Stelle büßen und ihre Untergebenen wenden sich von ihr ab. Sogar Leicester verlässt sie und setzt sich nach Frankreich ab. Hieran lässt sich verdeutlichen, dass Elisabeth auch die moralische Verliererin ist: Ihr vermeintlicher Sieg hat mehr Schaden angerichtet, als Vorteile geschaffen. Ihr königliches Ansehen hat sie in der Öffentlichkeit eingebüßt und ihren schlechten Charakter offenbart. Damit gibt sie sich als eine unangemessene und rückratlose Herrscherin. Sämtliche Versuche ihre Pflicht in Bezug auf Maria männlich-diszipliniert zu erfüllen sind an ihrer weiblich-gefühlsgeleiteten Art und ihren Rachegedanken gescheitert. Ihre Angst als schwache Frau und tyrannische Herrscherin entlarvt zu werden, ist Realität geworden.

Maria hingegen durchläuft einen Prozess der Läuterung und sieht in ihrem ungerechten Urteil schließlich ihre von Gott gegebene Chance, ihre Schuld auf Erden zu sühnen. Sie erreicht damit einen Idealzustand, der ihre anmutige äußere Erscheinung mit der inneren Vollkommenheit koinzidieren lässt. Sie hat sich von menschlichen Affekten wie Hass, Liebe, Furcht und Hoffnung befreit. Ihr Leben untersteht nicht mehr dem Urteil ihrer Feindin, sondern einer höheren Instanz: Sie fühlt sich unmittelbar zu Gott.

Dieselben Gründe für eine Überlegenheit Marias sprechen daher auch für eine Niederlage Elisabeths. Erschwerend zu Elisabeths niederen Handlungsmotiven kommen ihre materiellen und von weltlicher Natur gestützten Ziele. Maria hat sich durch ihre *schöne Seele* davon entledigt. Gerade die engelsgleichen Bezeichnungen anderer Figuren lassen Maria über jeden Zweifel an ihrer Vollkommenheit erhaben werden. Sie stellt somit die moralische Siegerin und tatsächliche Heldin dar.

Obwohl die Titelheldin keine rein positive Figur ist, verkörpert sie das Ideal von Schillers „schöner Seele". Damit kann sie als klassische Heldin bezeichnet werden.

Von einer *eindeutig* besetzten Position der Figuren ist in diesem Stück dennoch nicht zu sprechen. Im Gegenteil: Schiller hat sich bewusst vom klassischen Ideal distanziert. In der Wissenschaft ist daher die Bewertung der beiden Hauptcharaktere strittig: „Kein anderes Drama Schillers ist so subjektiv beurteilt worden wie *Maria Stuart*."[69]

In der Forschung über Schiller gibt es verschiedene Deutungen der ambivalenten Charaktere beider Hauptfiguren. Manche Interpretationen neigen sogar dazu, beide Königinnen als negativen Charakter bewertet zu sehen. So bezeichnet Otto Ludwig Marias Charakter als das „Schwächste am ganzen Stücke."[70] Elisabeth wird von Emil Mauerhof sogar als „Monstrum" bezeichnet, die einen „Auswurf des Menschengeschlechts"[71] verkörpert. Die neuere Forschung hat die Darstellung der Frauencharaktere anders bewertet. Volker Klotz beurteilt Schillers Trauerspiel als „die einzige Tragödie hohen Stils, deren Hauptfiguren Frauen sind."[72] Gert Sautermeister vertritt die These: „Die landläufige Rede, er sei ein typischer Gestalter männlicher Figuren und habe nie lebenskräftige Frauengestalten auf die Bühne zu stellen gewusst, wird von dieser Tragödie widerlegt."[73] So wird das Drama wohl auch in Zukunft der Forschung unterschiedliche Interpretationsmöglichkeiten bieten.

---

[69] Mansouri, Rachid J.: Die Darstellung der Frau in Schillers Dramen. S. 342

[70] Vgl. Otto Ludwig. Zitiert nach Christian Grawe (Hrsg.): Friedrich Schiller. Maria Stuart, Erläuterungen und Dokumente, Stuttgart 1984. S.171

[71] Vgl. Emil Mauerhof. Zitiert wird hier nach Christian Grawe (Hrsg.): Friedrich Schiller. Maria Stuart, Erläuterungen und Dokumente, Stuttgart 1984. S.176

[72] Vgl. Volker Klotz: Kronen und lange Haare. Zu Schillers „Maria Stuart". In: Volker Klotz: Kurze Kommentare zu Stücken und Gedichten. Darmstadt 1962. Dort S. 12

[73] Sautermeister, Gert: Maria Stuart – Ästhetik, Seelenkunde, historisch-gesellschaftlicher Ort. S. 181

Literatur

Beck, Adolf: Schiller. Maria Stuart. In: B. v. Wiese (Hrsg.): Das deutsche Drama. Vom Barock bis in die Gegenwart. Interpretationen I. Düsseldorf 1968

Grawe, Christian (Hrsg.): Friedrich Schiller. Maria Stuart. Erläuterungen und Dokumente. Stuttgart 1984

Klotz, Volker: Kronen und lange Haare. Zu Schillers „Maria Stuart". In: Volker Klotz: Kurze Kommentare zu Stücken und Gedichten. Darmstadt 1962

Koopmann, Helmut (Hrsg.): Schiller-Handbuch. Stuttgart: Alfred Kröner Verlag 1998

Luserke, Matthias (Hrsg.): Friedrich Schiller Dramen IV. Bd. 5. Stuttgart: Deutscher Klassiker Verlag 1996

Mansouri, Rachid Jai: Die Darstellung der Frau in Schillers Dramen. Frankfurt: Peter Lang Verlag 1988

Sautermeister, Gert: Idyllik und Dramatik im Werke Schillers. Zum geschichtlichen Ort seiner klassischen Dramen. Stuttgart 1971

Sautermeister, Gert: Maria Stuart – Ästhetik, Seelenkunde, historisch-gesellschaftlicher Ort. In: Walter Hinderer (Hrsg.): Schillers Dramen. Stuttgart 1992

Sautermeister, Gert: Maria Stuart – Ästhetik, Seelenkunde, historisch-gesellschaftlicher Ort. In: Walter Hinderer (Hrsg.): Schillers Dramen. Stuttgart 1983

Schiller, Friedrich: Maria Stuart. Stuttgart: Reclam Verlag 2001 (= Reclam 64)

Ueding, Gert: Schillers Rhetorik. Idealistische Wirkungsästhetik und rhetorische Tradition. Tübingen: Max Niemeyer Verlag 1971

Zymner, Rüdiger: Friedrich Schiller. Dramen. Bd.8. Berlin 2002

Dominik Gerhard:
Eine moralkritische Analyse der Elisabeth in Schillers „Maria Stuart"

Einleitung

Obwohl Friedrich Schiller zwei Tage nach Beendigung von *Wallensteins Tod* Goethe in einem Brief mitteilte, dass er „Soldaten Helden und Herrscher [...] vor jetzt herzlich satt" habe und ihn seine Neigung nun „zu einem frei phantasierten, nicht historischen [...] Stoff"[74] zöge, hat ihn wenig später erneut ein historisches Sujet in seinen Bann gezogen. Der Dramatiker hatte bereits 1783, als er in Bauerbach an *Kabale und Liebe* schrieb, Interesse an dem tragischen Schicksal der schottischen Königin gefunden und beschlossen, die letzten leidvollen Tage der schottischen Königin auf die Bühne zu bringen.[75] Die eigentliche Entstehungsphase der *Maria Stuart* fällt allerdings in den Zeitraum vom April 1799 bis wenige Tage vor der Uraufführung am 14. Juni 1800 in Weimar. Schillers Trauerspiel, welches zu seinen bühnenwirksamsten Stücken zählt, wurde vom zeitgenössischen Publikum überwiegend als Meisterwerk der dramatischen Dichtkunst gefeiert[76] und auch der Autor selbst konstatierte zwei Tage nach der Erstaufführung in einem Brief an seinen Freund Körner: „Ich fange endlich an, mich des dramatischen Organs zu bemächtigen und mein Handwerk zu verstehen."[77]

In der Auseinandersetzung mit dem Stück hat sich die Forschung schon immer stark auf die Titelheldin konzentriert, wodurch ihre Gegenspielerin im literaturwissenschaftlichen Diskurs bislang nur wenig Beachtung erfahren hat. Meiner Ansicht nach ist es jedoch lohnenswert, sich intensiver mit der schillernden Figur der Elisabeth zu beschäftigen, die sich im Kreuzfeuer ihrer Berater zu einer Entscheidung über Leben oder Tod ihrer Kontrahentin durchringen muss. Aus diesem Grund möchte ich anhand unterschiedlicher Untersuchungsfragen eine kritische Analyse der Elisabeth durchführen, wobei insbesondere die näheren Umstände der Unterzeichnung des Todesurteils beleuchtet werden, um die Figur abschließend unter moralischen Gesichtspunkten zu bewerten. Hierzu werden im Anschluss an eine kurze Vorbetrachtung zunächst Aspekte untersucht, die Elisabeth moralisch belasten

---

[74] Friedrich Schiller: Schillers Werke. Nationalausgabe. Bd. 30, S. 39.

[75] Im Februar 1783 versprach Schiller dem Leipziger Buchhändler Weygand eine dramatische Bearbeitung der Geschichte der Maria Stuart. Das ist der früheste direkte Beleg für das Stück. Vgl. Matthias Luserke-Jaqui (Hg.): Schiller Handbuch. Weimar 2005, S. 154.

[76] Einige Theaterrezensenten haben sich vor allem an der Abendmahlszene, Mortimers erotischem Liebesbekenntnis zu Maria und dem als obszön empfundenen Aufeinandertreffen der beiden Königinnen gestört.

[77] Friedrich Schiller (wie Anm. 1), S. 162.

und darauf folgend werden auch diejenigen Aspekte Beachtung finden, welche die englische Königin partiell entlasten.

Vorbetrachtung

In der Forschung wurde immer wieder die sprachliche und formale Qualität der Tragödie hervorgehoben, in der durchaus zu Recht eine Manifestation eines klassischen Stilideals und Formwillens gesehen wurde. So kommt etwa Adolf Beck zu dem Schluss, dass *Maria Stuart* „technisch das vollkommenste, das regelmäßigste, das klassischste Bühnenwerk Schillers"[78] sei. Allerdings hat insbesondere die kunstvoll gestaltete Architektonik des Stücks, welche sich in einer kalkulierten Kontrastierung und Symmetrierung von Akten und Szenen widerspiegelt, in der älteren Forschung mitunter dazu geführt, „das Drama schablonenartig zu vereinfachen."[79] So wurde die englische Königin vielfach als starke Kontrastfigur zur moralisch geläuterten Tragödienheldin gesehen und damit als klassischer Theaterbösewicht denunziert. Doch auch wenn die dramaturgische Konzeption des Stücks einen gewissen Antagonismus beinhaltet, bedarf eine kritische Analyse der Antagonistin einer differenzierteren Untersuchung.

Bevor mit der eingehenden Analyse begonnen werden kann, muss vorab darauf hingewiesen werden, dass Schillers Elisabeth bei aller Ähnlichkeit nicht mit der historischen Elisabeth Tudor identisch ist. Folglich darf man bei der Bewertung der literarischen Figur nicht den Fehler begehen, Charaktereigenschaften der historischen Person mit einfließen zu lassen oder ihr Handeln im Stück im Hinblick auf politische Gegebenheiten der Geschichte zu bewerten. Schiller machte in einem Brief an Goethe deutlich, dass es seine Intention war, „der Phantasie eine Freiheit über die Geschichte zu verschaffen, indem [er] zugleich von allem was diese brauchbares hat, Besitz zu nehmen suchte."[80] Dass er dieses Vorhaben im vorliegenden Werk auch umgesetzt hat, zeigt sich in den mitunter erheblichen Abweichungen gegenüber der historischen Situation, was zugleich die Unvereinbarkeit von Dramenwirklichkeit und Geschichtswirklichkeit

---

[78] Adolf Beck: Schiller. Maria Stuart. In: Das deutsche Drama. Vom Barock bis zur Gegenwart. Bd. 1. Hg. von Benno von Wiese. Düsseldorf 1968, S. 307.
[79] Gert Vonhoff: Maria Stuart. Trauerspiel in fünf Aufzügen (1801). In: Schiller Handbuch. Hg. von Matthias Luserke-Jaqui. Weimar 2005, S. 161.
[80] So in einem Brief an Goethe vom 19. Juli 1799. (Vgl. Friedrich Schiller (wie Anm. 1), S. 73.)

unterstreicht.[81] Dieser freie Umgang mit den historischen Fakten hat dem Poeten allerdings wiederholt den Vorwurf der Geschichtsverfälschung eingebracht. So hat etwa Jean Paul 1804 in seiner *Vorschule der Ästhetik* seinen Unmut darüber wie folgt kundgetan:

> *Wenn Schiller doch einige alte Geister umbog: so hatt' er entweder die Entschuldigung und Hoffnung fremder historischer Unbekanntschaft oder – unrecht. Wozu denn geschichtliche Namen, wenn die Charaktere so umgegossen werden dürften als die Geschichte und folglich nichts Historisches übrig bliebe als willkürliche Ähnlichkeit?[82]*

Diese Kritik am kreativen Umgang mit dem historischen Stoff wird meines Erachtens zu Unrecht geäußert, denn, wie Lessing richtig herausstellte: „[D]ie Tragödie ist keine dialogierte Geschichte; die Geschichte ist für die Tragödie nichts, als ein Repertorium von Namen."[83] An dieser Stelle muss betont werden, dass es Schiller in seinem Stück nicht um Historismus geht, denn *Maria Stuart* ist kein Geschichtsdrama. Vielmehr besteht die Absicht des Dramatikers darin, den historischen Stoff in den Bereich der Kunst zu überführen und ihn einem höheren Zweck nutzbar zu machen, nämlich der moralischen Belehrung des Publikums. Denn nach Schillers klassischem Kunstverständnis besteht der höchste Zweck der Kunst darin, dem Menschen seine Bestimmung als geistiges Wesen aufzuzeigen.

Nachfolgend werde ich nun zunächst diejenigen Aspekte beleuchten, welche Elisabeth in einem moralisch bedenklichen Licht darstellen.

Die moralvergessene Königin

Als erster Untersuchungsaspekt soll die Frage erörtert werden, ob Elisabeths unvermittelter Tränenausbruch im zweiten Akt tatsächlich als ein Zeichen ihres Mitgefühls mit der schottischen Königin zu interpretieren ist, wie das Talbot nahelegt, oder nicht. Denn sofern ihre Tränen aus Mitleid vergossen wurden, wären diese als Zeichen ihrer Menschlichkeit zu werten. Nachdem Elisabeth aus

---

[81] Etwa die deutliche Verjüngung der beiden Protagonistinnen, die Erfindung des Schwärmers Mortimer, die Konfrontation der Königinnen, das Verhältnis zwischen Leicester und Maria, Marias Eingeständnis ihrer frühen Schuld sowie ihre moralische Entlastung durch den Widerruf ihres Schreibers.

[82] Jean Paul Richter: Sämtliche Werke. Hg. von Norbert Miller. Abt. I, Bd. 5. Darmstadt 2000, S. 235.

[83] Gotthold Ephraim Lessing: Werke und Briefe. Hg. von Wilfried Barner u.a. Bd. 6: Werke 1767-1769. Hg. von Klaus Bohnen. Frankfurt a.M. 1985, S. 300.

Paulets Hand den an sie adressierten Brief der Maria empfangen und gelesen hat, reflektiert sie unter Tränen:

> ELISABETH *(nachdem sie den Brief gelesen, ihre Tränen trocknend).*
> *Was ist der Mensch! Was ist das Glück der Erde!*
> *Wie weit ist diese Königin gebracht,*
> *Die mit so stolzen Hoffnungen begann.*
> *(II, 4, V. 1528-1530)*[84]

Auf den ersten Blick scheint diese Textstelle der sonst so gefühlskalt wirkenden Königin ein Beleg für eine aufrichtige Anteilnahme am leidvollen Schicksal ihrer Blutsverwandten zu sein, da ein plötzlicher Tränenausbruch nur schwer vorgetäuscht werden kann. Genauer besehen wird diese effektvoll inszenierte Theaterszene allerdings erst durch Talbots anschließenden Ausruf, „O Königin! Dein Herz hat Gott gerührt" (II, 4, V. 1543), von den Zuschauern als Zeichen von Elisabeths lauterem Mitgefühl wahrgenommen. Unmittelbar nachdem Elisabeth den Brief gelesen hat gelten ihre ersten Gedanken jedoch nicht der Maria, sondern vielmehr dem allgemeinen Schicksal der Menschen, die als Spielball der Fortuna erscheinen, welche auch Königinnen nicht verschont. Demzufolge ist nicht anzunehmen, dass ihre Tränen aus Mitleid vergossen wurden. Diese starken Gefühlsregungen sind vielmehr der schockierenden Erkenntnis geschuldet, dass auch ihre eigene Existenz als Königin von England nicht gesichert ist, was ihr durch den tiefen Fall ihrer Verwandten lebhaft vor Augen getreten ist. Elisabeth selbst stützt diese Auslegung, indem sie erklärt, dass es ihr ins Herz schneide, wenn „das Schicksal / Der Menschheit, das entsetzliche, so nahe / An [ihrem] eignen Haupt vorüberzieht." (II, 4, V. 1540-1542) Nicht zuletzt die Tatsache, dass sie unmittelbar im Anschluss an diese Szene versucht, Mortimer für einen geheimen Mordanschlag auf ihre Kontrahentin zu gewinnen, belegt diese Lesart.

Ein weiterer Untersuchungsaspekt besteht in der Beleuchtung der Gründe, weshalb die englische Königin die sich ihr bietende Möglichkeit auf eine sofortige Unterzeichnung des Todesurteils ausschlägt und stattdessen die Legitimierung des Urteils so lange hinauszögert. Von Beginn an wird das Publikum mit einer Monarchin konfrontiert, die im Hinblick auf die brennende Frage nach Begnadigung oder Hinrichtung der inhaftierten Maria im Kreuzfeuer ihrer Berater *unentschlossen mit sich selbst kämpf*[t]. (IV, 8, V. 3069) Von Talbot erfahren wir zudem, dass Elisabeth nicht erst seit Dramenbeginn und

---

[84] Friedrich Schiller: Maria Stuart. Stuttgart 2009, S. 53, V. 1528-1530. Im Folgenden zitiere ich aus dieser Quelle durch die Angabe der Verszahlen im laufenden Text.

damit erst seit wenigen Tagen mit dieser gewichtigen Entscheidung ringt, sondern diese bereits „jahrelang" (IV, 9, 3097) bedenkt. Somit gilt es die Frage zu untersuchen, ob die Monarchin die Vollstreckung der Exekution aufgrund von Gewissensbissen und damit aus moralischen Bedenken hinauszögert oder lediglich aus taktischem Kalkül heraus. Die Monarchin weiß, spätestens durch Talbots Hinweise,[85] dass sich „Unziemlichkeiten" (I, 8, V. 985) im Rechtsprozess ereignet haben und sie befürchtet, dass eine öffentliche Hinrichtung der schottischen Königin ihrer Selbstinszenierung als gerechter Monarchin Schaden und das Volk sich gegen sie auflehnen könnte. So offenbart sie schließlich ihren Staatsräten den tatsächlichen Grund für ihr Zögern:

Ach wie sehr befürcht ich,
Wenn ich dem Wunsch der Menge nun gehorcht, [...]
– ja dass eben die,
Die jetzt gewaltsam zu der Tat mich treiben,
Mich, wenn's vollbracht ist, strenge tadeln werden!
(IV, 8, V. 3071-3076)

Elisabeths Bedenken sind durchaus berechtigt, denn das Volk des elisabethanischen England war keineswegs eine heterogene Menge, sondern, wie die Königin richtig betont, eine „wankelmüt'ge Menge, / Die jeder Wind herumtreibt!" (IV, 11, V. 3260f.) Auch Talbot stellt im Falle einer Exekution der Maria dieses Szenario in Aussicht:

Nicht
Die Lebende hast du zu fürchten. Zittre vor
Der Toten, Der Enthaupteten [...]
Jetzt hasst der Brite die Gefürchtete,
Er wird sie rächen, wenn sie nicht mehr ist.
Nicht die Feindin seines Glaubens, nur
Die Enkeltochter seiner Könige, [...]
Wird er in der Bejammerten erblicken!
(IV, 9, V. 3115-3126)

Durch Talbots Ermahnung wird zugleich klar, dass sich Elisabeth in einem Dilemma befindet. Sowohl eine Begnadigung als auch eine Hinrichtung ihrer Rivalin könnte das Volk gegen sie aufbringen. Nichtsdestotrotz wird von der Monarchin eine Entscheidung erwartet. Aufgrund dieser misslichen Lage hat die

---

[85] Vgl. TALBOT. „[D]ie Hinrichtung / Der Stuart ist ein ungerechtes Mittel. / Du kannst das Urteil über die nicht sprechen, / Die dir nicht untertänig ist." Sowie: „Man gönnt ihr keinen Anwalt." (II, 3, V. 1316-1319 und 1351)

Regentin das Bedürfnis, ihr politisches Vorgehen gegenüber ihrer Gefangenen genauestens zu überdenken, um nicht den Anschein einer Ungerechtigkeit zu erwecken, was zu einer Hinauszögerung der Hinrichtung führt. Denn wie sehr die englische Monarchin auf die Volksgunst angewiesen ist, die ihr „Innerstes verachtet" (IV, 10, V. 3192), erfährt das Publikum in ihrer demaskierenden Monologszene: „Umgeben rings von Feinden hält mich nur / Die Volksgunst auf dem angefochtnen Thron." (IV, 10, V. 3212f.) Dass sie sich allerdings wünscht, „ohne Tadel Königsblut versprützen" (IV, 10, V. 3207) zu dürfen, wird in ihrer entlarvenden Unterhaltung mit Mortimer offensichtlich. Somit hat sich gezeigt, dass „Elisabeth mit der Anordnung der Exekution nicht [zögert], weil sie von Gewissensängsten beherrscht wird, sondern aus Furcht vor der öffentlichen Meinung."[86]

Vor dem Hintergrund dieser Erkenntnisse kann damit festgehalten werden, dass Elisabeths Hinauszögern der Vollstreckung nicht moralisch motiviert ist, sondern sich als Resultat taktischen Kalküls ergibt.

Des Weiteren wird die Monarchin im Verlauf des Dramas nicht müde zu betonen, wie sehr ihr Handeln von äußeren Zwängen bestimmt wird. Um zu einer moralischen Beurteilung der Elisabeth zu gelangen, ist es demnach essenziell herauszufinden, ob die englische Königin tatsächlich, wie sie beharrlich suggeriert, in ihrem Handeln fremdbestimmt wird oder ob sie frei agieren kann?

Formal betrachtet herrscht in England bereits seit des Inkrafttretens der Magna Charta von 1215 eine konstitutionelle Monarchie vor, die neben dem Monarchen, welcher die Exekutive innehat, eine legislative Gewalt in Form eines Parlaments und eine judikative Gewalt in Form von mehreren Richtern aufweist. Zudem erinnert Burleigh die Regentin unentwegt daran, dass „[d]es Volkes Wohlfahrt [ihre] höchste Pflicht" (IV, 9, V. 3182) ist. Pro forma ist Elisabeth damit keine absolute Herrscherin und kann somit nicht gänzlich frei handeln.

---

[86] Peter-André Alt: Schiller. Leben – Werk – Zeit. Eine Biographie. Bd. 2. München 2004, S. 503. Zum gleichen Urteil gelangt Ferdinand van Ingen: „Elisabeths Hinauszögern der Urteilsvollstreckung hat nicht etwa mit ihrem Gewissen zu tun, es ist nur politisch motiviert." (Ferdinand van Ingen: Macht und Gewissen: Schillers »Maria Stuart«. In: Verantwortung und Utopie. Hg. von Wolfgang Wittkowski. Tübingen 1988, S. 292.)

Gegen diese formale Gewaltenteilung spricht allerdings, dass Elisabeth die 42 Richter selbst erwählt hat[87] und auch hinsichtlich der legislativen Gewalt im Staat vereinnahmend von „[m]ein Staatsrat und mein Parlament" (II, 3, V. 1320) spricht, was ein enges Abhängigkeitsverhältnis zur Monarchin suggeriert. Auch im Hinblick auf eine denkbare Beeinflussung durch ihre Staatsräte Leicester, Burleigh und Talbot zeigt der Dramenverlauf, dass Elisabeth sich in ihrem Handeln nicht entscheidend beeinflussen lässt, sondern eigenmächtige Entscheidungen trifft. Diese Tatsache lässt sich anhand einer Untersuchung der neunten Szene des vierten Akts nachweisen. Nachdem die Herrscherin erneut zum Ziel eines versuchten Attentats geworden ist und sowohl Burleigh als auch Talbot auf eine endgültige Entscheidung pochen, gebietet die Regentin, dass sich ihre Berater zurückziehen sollen:

Man überlasse mich mir selbst! Bei Menschen ist
Nicht Rat noch Trost in dieser großen Sache.
Ich trage sie dem höhern Richter vor.
Was der mich lehrt, das will ich tun – Entfernt euch,
Mylords![88]
      (IV, 9, V. 3185-3189)

Bereits anhand des ersten Verses wird deutlich, dass die Regentin die Entscheidung nicht zusammen mit ihren Vertrauten treffen will, sondern alleine. Um dieses Vorhaben zu rechtfertigen, gibt sie vor, sich bei dieser Entscheidung auf Gott zu berufen, was jedoch unterbleibt. Im anschließenden Selbstgespräch wendet sie sich nicht an Gott, sondern gelangt eigenmächtig zu dem Beschluss: „[D]iese Furcht soll endigen! / Ihr Haupt soll fallen. Ich will Frieden haben!" (IV, 10, V. 3229) Hierbei ist auffällig, dass sich die Königin bezüglich der Tötung der Maria gegenüber anderen Personen an mehreren Stellen im Drama auf Gott als eine höhere Instanz beruft, um ihre Tat zu legitimieren und sich von der Verantwortung zu dispensieren.[89]

---

[87] Vgl. BURLEIGH. „Konnte die Beherrscherin von England / Mehr tun, als aus der ganzen Monarchie / Die edelsten auslesen und zu Richtern / In diesem königlichen Streit bestellen?" (V. 754-757)

[88] Bereits im zweiten Akt wird deutlich, dass die Königin sich von Leicester, Burleigh und Talbot nicht zu einem Entschluss drängen lässt, sondern selbst entscheidet: „Mylords, ich hab nun eure Meinungen / Gehört, und sag euch Dank für euren Eifer. [...] ich [will] eure Gründe prüfen, / Und wählen, was das Bessere mir dünkt. (II, 3, V. 1455-1459)

[89] Diese Strategie verfolgt sie auch im zweiten Akt: „Mylords, ich hab nun eure Meinungen / Gehört [...] / Mit Gottes Beistand, der die Könige / Erleuchtet, will ich eure Gründe prüfen." (II, 3, V. 1455-1458) Sowie gegenüber Davison nachdem sie ihm das unterschriebene Urteil

„Man zwingt mich." (IV, 9, V. 3082) Das sind die Worte, die Elisabeth mit Blick auf das tobende Volk gebraucht, um ihre vermeintliche Handlungsunfreiheit zu bekräftigen. Ob das Volk jedoch tatsächlich einen mehrheitlichen und eindeutigen Volkswillen artikuliert oder ob es lediglich für politische Zwecke instrumentalisiert wird, gilt es nun zu prüfen. Dem Publikum wird jedenfalls suggeriert, dass es einen vernehmbaren Willen des Volkes gibt, obwohl während der gesamten Dramenhandlung keine Figur aus dem Volk auf der Bühne zu sehen ist.[90] Auffällig ist hierbei, dass die Volksmeinung weder direkt durch eine Person aus dem Volk mitgeteilt wird noch durch einen Repräsentanten. Es ist vielmehr so, dass die angebliche Stimme des Volkes außer durch Elisabeth selbst nur durch ein Mitglied ihres Staatsrates vermittelt wird, welcher jeweils versucht, den vermeintlichen Volkswillen seiner Argumentation nutzbar zu machen. Somit ist Nikolas Immer Recht zu geben, dass es sich „anhand des Dramas *nicht* belegen [lässt], dass das Volk als eigenständiges politisches Organ an der englischen Regierung beteiligt ist."[91] Demnach ist nicht anzunehmen, dass die englische Königin in ihrer Entscheidungsfindung durch ihr Volk zur Unterzeichnung des Urteils gedrängt wird.

Im Übrigen ist anzumerken, dass Elisabeth sich seit Jahren erfolgreich über den Wunsch ihres Volkes auf eine baldige Vermählung hinweggesetzt hat und auch in der Dramenhandlung eine Möglichkeit findet, die arrangierte Heirat mit dem Dúc von Anjou zu annullieren.[92] Dieses Beispiel verdeutlicht, dass es der Monarchin durchaus gelingt, ihren eigenen Willen gegen den ihres Volkes durchzusetzen. Somit kann festgehalten werden, dass Elisabeth trotz der formalen Gewaltenteilung de facto die souveräne Macht im Staat besitzt und sich in ihrem Handeln weder entscheidend von ihren Staatsräten noch von ihrem

---

aushändigt: „Gott legt ein wichtig groß Geschick / In eure schwachen Hände." (IV, 11, V. 3279f.)

[90] Die Tatsache, dass das Volk von der Bühne ausgeschlossen wurde, zeigt, dass Schiller sich bei der Konzeption seiner Maria Stuart merklich vom Shakespeareschen Dramentypus entfernt hat, welchem er in seiner Sturm-und-Drang-Zeit noch nacheiferte. Schiller stellt sein Trauerspiel nunmehr unter das klassizistische Stilisierungsideal der französischen Tragödienform.

[91] Nikolas Immer: Die schuldig-unschuldigen Königinnen. In: Euphorion 99 (2005), S. 142.

[92] Nachdem der Attentäter Sauvage entgegen der historischen Wirklichkeit als Franzose identifiziert wurde und Burleigh den Abgesandten des Landes verweist, entgegnet dieser: „In meinem Haupt ist mein Monarch verletzt, / Zerreißen wird er das geschloßne Bündnis." Darauf Burleigh: „Zerrissen schon hat es die Königin, / England wird sich mit Frankreich nicht vermählen." (IV, 2, V. 2681-2684)

Volk beeinflussen lässt.[93] Im Unterschied zur absoluten Herrscherin muss sie allerdings darauf achten, ihrem Willen den Anschein von Rechtmäßigkeit zu geben, um nicht vom Volk entmachtet zu werden, weshalb sie auf die Maskerade zurückgreift.

Vor dem Hintergrund dieser Erkenntnisse wird offensichtlich, dass Elisabeths kontinuierlicher Verweis auf die „allgewaltige / Notwendigkeit, die auch das freie Wollen / Der Könige zwingt" (IV, 10, V. 3209-3211), nur dazu dienen soll, sich aus der Verantwortung für ihr Handeln zu stehlen, da ihr vermeintlich keine Wahl bleibt. Barbara Neymeyr stellt diesbezüglich in ihrer Studie Folgendes treffend heraus:

> *Wenn Elisabeth allerdings mehrfach die vermeintliche Notwendigkeit ihres Handelns betont, dann dispensiert sie sich vom Anspruch auf Autonomie, auf Selbstbestimmung, um die Verantwortung für die Konsequenzen ihrer Entscheidung nicht übernehmen zu müssen.*[94]

Hierbei avanciert der immer wiederkehrende Begriff der Notwendigkeit zum Leitmotiv im Drama, der Elisabeths verzweifeltes Bestreben ans Licht bringt, sich ihrer Verantwortung für die Bluttat entziehen zu wollen. Interessant und zugleich psychologisch aufschlussreich ist die Tatsache, dass Elisabeth auch in ihrem Soliloquium diese Notwendigkeit beklagt. Nach den geltenden Dramenkonventionen ist eine Verstellung der Figuren in einer Monologszene ausgeschlossen, wodurch auch Elisabeth in ihrem Selbstgespräch ihre wahren Empfindungen zum Ausdruck bringt. Daraus ergibt sich die Frage, ob die Königin tatsächlich selbst davon überzeugt ist, dass ihr Handeln von der Notwendigkeit diktiert wird und sie damit unfrei ist? Nach meiner Auffassung versucht die Königin sich an dieser prekären Stelle im Drama selbst einzureden, dass sie ein äußerer Zwang zur Hinrichtung ihrer Konkurrentin auf den Thron nötige, wie ihr auch Burleigh immer wieder einzuflößen versucht. Seit ihrer Kindheit ist sie als Person der Öffentlichkeit daran gewöhnt worden, eine Rolle zu spielen und diese Fähigkeit nutzt sie meines Erachtens in diesem kritischen Moment, sei es bewusst oder unbewusst, um sich den nötigen Mut zuzusprechen, das Wagnis einer öffentlichen Exekution einer Königin zu riskieren.

---

[93] Alt gelangt zu der selben Schlussfolgerung: „Auch wenn die Souveränität Elisabeths im Drama bereits anders als in der historisch gegebenen Situation durch Prozesse der öffentlichen Meinungsbildung eingeschränkt scheint, liegt die faktisch und juristisch ungeteilte Herrschaft fraglos bei der Regentin." (Peter-André Alt (wie Anm. 13), S. 498.)

[94] Barbara Neymeyr: Macht, Recht und Schuld. In: Schiller. Werk Interpretationen. Hg. von Günter Sasse. Heidelberg 2005, S. 127.

Weiterhin ist es hinsichtlich der Frage, ob Elisabeth autonom handelt oder nicht, aufschlussreich, dass Schiller seine *Maria Stuart* bewusst nicht als antikes Schicksalsdrama konzipiert hat. Somit greift keine transzendente Schicksalsmacht, welche die tragische Handlung herbeiführt oder abwendet, in das Dramengeschehen ein. Vielmehr lässt der Dichter die auftretenden Figuren durch ihr Handeln den Fortlauf der Tragödie bestimmen. Nach Schillers philosophischem Standpunkt, welcher unter dem Geist der Aufklärung steht und wesentlich von seiner Auseinandersetzung mit Kant geprägt ist, ist der Mensch ein autonomes Wesen, das einen freien Willen besitzt. In seinem Traktat *Über das Erhabene* postuliert Schiller als das „Prärogativ" des Menschen, „dass er mit Bewusstsein und Willen vernünftig handelt. Alle andere[n] Dinge müssen; der Mensch ist das Wesen welches will."[95] Somit ist es die Freiheit des Willens, die den Menschen vom Tier unterscheidet und welche zugleich die Grundbedingung dafür darstellt, dass der Mensch die Sphäre des Erhabenen überhaupt erreichen kann. Nur wenn der Wille des Menschen frei ist, kann er sich, ungeachtet der äußeren Umstände, gegen jede Art von Gewalteinwirkung erheben. Dies geschieht nach Schiller indem er sich entweder gegen die Gewalt auflehnt und diese beherrscht oder, falls das nicht möglich ist, sie „*dem Begriff nach zu vernichten*" versucht, indem er sich dazu entschließt, sich ihr „freiwillig [zu] unterwerfen."[96]

Mit diesem Wissen wird ersichtlich, dass die Vollstreckung des Todesurteils nicht maßgeblich durch äußere Zwänge, sondern durch eine autonome Willensentscheidung der Elisabeth herbeigeführt wird. Somit kann die Regentin auch für ihr freies Handeln zur Rechenschaft gezogen werden. Luserke-Jaqui stellt in seinem Werkkommentar zu Recht heraus, dass

> *[k]ein obwaltendes Schicksal, das sich zwangsläufig im historischen Augenblick zu vollziehen habe, hierfür von Schiller verantwortlich gemacht [wird], sondern die Verstrickung in individuelle wie politische Schuld.*[97]

Auch Talbot macht seine Herrscherin mehrfach darauf aufmerksam, dass sie niemand anderen außer sich selbst für die ungerechte Tat verantwortlich machen kann.

---

[95] Friedrich Schiller: Friedrich Schiller. Werke und Briefe in zwölf Bänden. Bd. 8. Theoretische Schriften. Hg. von Otto Dann u.a. Frankfurt a.M. 1988-2004, S. 822.
[96] Ebd. S. 822, 823.
[97] Matthias Luserke-Jaqui (Hg.): Schiller. Klassische Dramen. Bd. 26. Frankfurt a.M. 2008, S. 579.

> *Sag nicht, du müssest der Notwendigkeit*
> *Gehorchen und dem Dringen deines Volks.*
> *Sobald du willst, in jedem Augenblick*
> *Kannst du erproben, dass dein Wille frei ist.*
> *(II, 3, V. 1330-1333)*

Des Weiteren wird deutlich, dass die Monarchin in einer anderen Situation durchaus Anspruch auf Selbstbestimmung erhebt. Der legitimen Forderung ihres Volkes, sich schnellstmöglich zu vermählen und einen leiblichen Erben in die Welt zu setzen, begegnet sie mit den Worten „[m]ein Wunsch war's immer, unvermählt zu sterben." (II, 2, V. 1157) Letztendlich hat die Königin, wie bereits erwähnt wurde, auch Mittel und Wege gefunden, sich ihren Wunsch nach Selbstbestimmung zu erfüllen.

Nachdem gezeigt werden konnte, dass die Unterzeichnung des Todesurteils der Maria eine eigenmächtige Entscheidung der Regentin gewesen ist, müssen nun die Beweggründe dieser Handlung untersucht werden. Im Hinblick auf den verbalen Angriff, den die englische Königin in der Konfrontationsszene durch Maria erleiden musste, nimmt Karl Guthke Elisabeth zunächst in Schutz und fragt: „Handelt sie nicht eher in Notwehr?"[98] Dem ist entgegenzuhalten, dass Maria sich anfänglich durchaus bemüht hat, ihre Affekte zu kontrollieren und sich im Verlauf des Streitgesprächs sogar dazu durchringen konnte, ihrem rechtmäßigen Anspruch auf den englischen Thron zu entsagen.[99] Erst nachdem Elisabeth sie im Beisein Leicesters aufs Heftigste beschimpft und provoziert hatte, ist es zu der verbalen Unbeherrschtheit der schottischen Königin gekommen. Demnach wäre eher zu fragen, ob Marias emotionale Entgleisung als Notwehr zu entschuldigen ist. Außerdem darf man nicht vergessen, dass Elisabeth der Begegnung ohnehin nur zugestimmt hatte, um ihre Rivalin vor den Augen ihres Günstlings Leicester in ihrer Rolle als Frau zu erniedrigen.[100] Mit diesem Wissen ist die anschließende Reaktion der Monarchin weder angemessen noch als Notwehr zu entschuldigen.

---

[98] Karl S. Guthke: Schillers Dramen. Idealismus und Skepsis. Tübingen und Basel 1994, S. 216.
[99] Vgl. MARIA. „Regiert in Frieden! / Jedwedem Anspruch auf dies Reich entsag ich." (III, 4, V. 2378f.)
[100] Nachdem Elisabeth den Park zu Fotheringhay fluchartig verlassen hat, setzt sie Burleigh über die Geschehnisse ins Bild: „Sie glaubt ich zu erniedrigen und war, / Ich selber, ihres Spottes Ziel!" (IV, 5, V. 2830f)

Weiterhin gibt Guthke zu bedenken, dass die Art und Weise wie Elisabeth am Ende ihrer Monologszene das Urteil unterschreibt „den Verdacht auf Kurzschluss naheleg[e]."[101] Damit wird zugleich die Frage in den Raum gestellt, ob die Unterzeichnung tatsächlich eine rationale Entscheidung war. Zur Klärung dieses Sachverhalts ist ein Blick auf den Nebentext aufschlussreich:

(Sie unterschreibt mit einem raschen, festen Federzug, lässt dann die Feder fallen, und tritt mit einem Ausdruck des Schreckens zurück. Nach einer Pause klingelt sie.)
(IV, 10, V. 3248f.)

In der Tat scheint ein „*rascher, fester Federzug*" mehr auf eine emotionale als eine rationale Handlung hinzudeuten, zumal sich diese Handlung unmittelbar an eine Passage heftiger Gefühlsausbrüche anschließt. Die Tatsache, dass sie die Schreibfeder anschließend fallen lässt und in „*einem Ausdruck des Schreckens*" zurückweicht, spricht ebenfalls für eine Lesart, die einen affektiven Akt zugrunde legt. Allerdings klingelt die Königin nicht sofort im Anschluss daran nach ihrem Staatssekretär, sondern erst „[n]*ach einer Pause*", was ihr Zeit für eine Reflexion ihrer Tat gegeben haben muss. Auch das anschließende Gespräch mit Davison, der sie in aller Deutlichkeit auf die Konsequenzen ihrer Unterschrift hinweist, gibt ihr die Möglichkeit, ihre vielleicht übereilte Tat zu revidieren, was sie jedoch nicht tut. Demnach vertrete dich die Überzeugung, dass emotionale Faktoren zwar den entscheidenden Ausschlag für die Unterzeichnung des Urteils gegeben haben, dass die Handlung an sich aber nicht irrational gewesen ist.

Wenn man die Gliederung ihres Selbstgesprächs näher betrachtet, wird man zudem feststellen, dass ihr Entscheidungsmonolog von einer anfänglichen Klage über die „Sklaverei des Volksdiensts" (IV, 10, V. 3190) über eine Reflexion der prekären politischen Situation bis hin zu einer privaten Auseinandersetzung mit ihrer Verwandten führt. Erst ganz am Ende dieses Monologs kommt es zu der Unterzeichnung. Damit ist der entscheidende Beweggrund zur Vollstreckung weder in der politischen noch in der konfessionellen Sphäre zu suchen, sondern in der persönlichen. Dabei wird durch die verwendete Wortwahl der Königin im Bewusstsein der Zuschauer die vorangegangene öffentliche Demütigung durch ihre Kontrahentin im dritten Akt wachgerufen: Elisabeths Äußerung, „[e]in Bastard bin ich dir? – Unglückliche! / Ich bin es nur, solange d u lebst und atmest" (IV, 10 V. 3243f.), wird somit als Gegenschlag zu Marias Beschimpfung empfunden, dass der „Thron von England durch einen Bastard /

---

[101] Karl S. Guthke (wie Anm. 25), S. 219.

Entweiht [ist]." (III, 4, V. 2447f.) Durch die Verwendung des exakten Wortlauts wird offensichtlich, dass „[v]or allem die persönliche Kränkung Elisabeth letztlich dazu [motiviert], das Todesurteil zu unterschreiben."[102] Damit konnte nachgewiesen werden, dass Elisabeth den Tod ihrer Rivalin nicht wegen der ihr angelasteten Attentatsversuche oder der offiziellen Verurteilung durch die 42 Richter in die Wege leitet, sondern maßgeblich aufgrund ihres Rachebedürfnisses und damit aus einem moralisch niederen Beweggrund heraus.

Elisabeths demaskierender Monolog, der dem Publikum einen tiefen Einblick in ihre wahren Motive gewährt, ist auch in einer weiteren Hinsicht entlarvend.

> *O Sklaverei des Volksdiensts! Schmähliche*
> *Knechtschaft – Wie bin ich's müde, diesem Götzen*
> *Zu schmeicheln, den mein Innerstes verachtet!*
> *Wann soll ich frei auf diesem Throne stehn!*
> *Die Meinung muss ich ehren, um das Lob*
> *Der Menge buhlen, einem Pöbel muss ich's*
> *Recht machen, dem der Gaukler nur gefällt.*
> *O d e r ist noch nicht König, der der Welt*
> *Gefallen muss! Nur der ist's, der bei seinem Tun*
> *Nach keines Menschen Beifall braucht zu fragen.*
> *(IV, 10, V. 3190-3199)*

An dieser Stelle wird nicht nur ihre tiefe Verachtung gegenüber ihrem Volk schonungslos aufgedeckt, sondern dem Publikum wird auch ihre Vorstellung von Freiheit offenbart. Wenn die Königin sich nach einer Freiheit sehnt, bei der sie „bei [ihrem] Tun / Nach keines Menschen Beifall" zu fragen braucht, dann wünscht sie sich eine Willkürherrschaft zurück, bei der sie ihr Handeln weder nach rechtlichen Normen noch nach moralischen Werten ausrichten muss. Erschwerend kommt hinzu, dass sie sich gegenüber ihrem Volk und ihren Dienern immerzu als gerechte Staatsdienerin inszeniert und damit spätestens in dieser Szene der Heuchelei überführt wird.

Ein weiterer Untersuchungsaspekt, der bei einer moralischen Bewertung der Figur eine wichtige Rolle spielt, stellt die Frage dar, ob die Monarchin ihre Tat bereut, nachdem sie durch Talbot von der Unschuld der Maria erfahren hat, oder nicht? Denn wie am Beispiel der Maria gezeigt werden kann, besitzt eine Figur nach Schillers Konzeption auch dann die Möglichkeit, sich moralisch zu erheben, wenn sie zuvor große Schuld auf sich geladen hat. Zur Verdeutlichung

---

[102] Barbara Neymeyr (wie Anm. 21), S. 119.

dieser These möchte ich kurz auf Maria Stuart zu sprechen kommen. Die schottische Königin wird bereits in der Exposition durch kritische Selbst- und Fremdcharakterisierung als ambivalente Figur eingeführt. Entgegen Schillers historischen Quellen gibt Maria nicht nur die Mitwisserschaft an der geplanten Ermordung ihres zweiten Ehemannes zu, sondern sie gesteht in der Beichtszene unverhohlen, dass der Auftragsmord von ihr persönlich intendiert wurde.[103] Diese Offenbarung, die bereits in der Exposition anklingt, lässt die Titelheldin als problematische Figur erscheinen, die keineswegs zur vorbehaltlosen Identifikation auffordert.[104] Dennoch besitzt sie die charakterliche Größe, ihre Schuld einzugestehen und aufrichtig zu bereuen. Im Angesicht des nahenden Todes gelingt es ihr letztendlich, einen moralischen Wandel zu vollziehen.[105] Am Ende des Beichtgesprächs gelangt die Todgeweihte schließlich zu der erhabenen Haltung, dass „Gott [sie] würdigt, durch diesen unverdienten Tod / Die frühe schwere Blutschuld abzubüßen" (V, 8, V. 3735f.) und ihrer Peinigerin „von ganzem Herzen / [Zu] vergebe[n]." (V, 8, V. 3783f.) Somit wird Maria in den Augen der Zuschauer durch ihre aufrichtige Reue und Buße moralisch entlastet und erhoben, was durch die spätere Enthüllung ihrer Unschuld noch verstärkt wird.

Im Gegensatz zu ihrer Antagonistin lassen sich bei Elisabeth auch nach der Kenntnis über Marias Schuldlosigkeit keine Anzeichen einer späten Reue feststellen. Auch nachdem Talbot ihr mitgeteilt hat, dass Marias Schreiber Kurl, der vor Schuldgefühl wahnsinnig geworden ist, seinen Meineid widerrufen hat und Maria damit zu Unrecht hingerichtet wurde, bereut Elisabeth ihren Entschluss nicht. Sie wendet vielmehr erneut eine gerissene Strategie an, um den Schein ihrer Unschuld zu wahren. Elisabeths erste Reaktion auf Talbots flammende Rede besteht in der Diskreditierung des Zeugen, denn vor ihrem Volk beweisen „[d]ie Worte eines Rasenden, Verrückten, / […] nichts." (V, 13,

---

[103] Im Gespräch mit Melvil gesteht die schottische Königin offen ihre frühe Blutschuld: „Den König, meinen Gatten, ließ ich morden / Und dem Verführer schenkt ich Herz und Hand!" [meine Hervorhebung] (V, 7, V. 3097f.)
[104] Ebenso sieht das Rüdiger Zymner, der in seiner Abhandlung wie folgt befindet: „Maria Stuart ist von Anfang an keine eindeutig positive Figur, keine Heldin, die allein zur identifikatorischen Anteilnahme auffordert." (Rüdiger Zymner: Friedrich Schiller. Dramen. Berlin 2002, S. 107.)
[105] Die Untersuchung der Frage, ob Marias später Wandel einen Übergang ins Erhabene darstellt oder ob Maria eher dem Konzept einer schönen Seele entspricht, würde an dieser Stelle zu weit führen. Zur Auseinandersetzung mit dieser Frage verweise ich auf Gert Vonhoff, der im Schiller Handbuch repräsentative Forschungsmeinungen anschaulich gegenüberstellt, gegeneinander abgrenzt und diskutiert. (Vgl. Gert Vonhoff (wie Anm. 6), S. 156-160.)

V. 3948f.) Darüber hinaus wälzt sie die Verantwortung der Vollstreckung wider besseres Wissen auf ihren Großschatzmeister und ihren Staatssekretär ab, die sie zur Demonstration ihrer angeblichen Unwissenheit des Amtes enthebt respektive in den Tower werfen lässt.

Um bei dem Bestreben, zu einer moralischen Bewertung der Elisabeth zu gelangen, nicht der Gefahr zu erliegen, zu einseitig zu urteilen, werde ich im nachfolgenden Teil nun auch diejenigen Aspekte untersuchen, die zur Verteidigung der englischen Königin vorgebracht werden können.

Elisabeths partielle Entlastung

Die Tatsache, dass Talbot seiner Königin im letzten Auftritt entgegnet, „Ich habe deinen edlern Teil / Nicht retten können" (V, 5, 15, V. 4027f.), gibt Grund zu der Annahme, dass Elisabeth keine durch und durch unmoralische Figur ist. Eine derart einseitige und voreilige Verurteilung dieser Figur würde dem hohen Anspruch dieses klassischen Bühnenwerks nicht gerecht werden. Denn die Feststellung Talbots, den Schiller zur moralischen Instanz seines Stücks erhebt, lässt vielmehr durchscheinen, dass die englische Königin neben ihrem bereits beleuchteten unmoralischen Wesen durchaus einen „edlern Teil" besitzt, der sich am Schluss der Tragödie nicht gegen den unedleren Teil durchsetzen konnte. Nachfolgend sollen nun einige Aspekte betrachtet werden, die Elisabeth zumindest partiell entlasten.

Grundsätzlich muss man sich bei dem Versuch, ein klassisches Bühnenwerk von Friedrich Schiller interpretieren zu wollen, immer vor Augen führen, dass Schiller als versierter Theaterpraktiker eine wirkungsästhetische Intention verfolgt. So ist es das Ziel des Poeten, die Sympathien und Antipathien seines Publikums bewusst zu lenken und seinen Absichten nutzbar zu machen. Aufgrund dieser Tatsache wird eine objektive Charakterisierung der auftretenden Figuren erschwert, wodurch Elisabeth, vielleicht mehr als berechtigt, als stark negative Figur in Erscheinung tritt. So ließe sich etwa argumentieren, dass sich die beiden Königinnen in der unrühmlichen Konfrontationsszene im Hinblick auf unehrenvolle Beschimpfungen in nichts nachstehen. Dennoch wird Elisabeth als „*kalt und streng*" (III, 4, V. 2279) und „*höhnisch lachend*" (III, 4, V. 2420) dargestellt, wohingegen ihre Kombattantin zwar ebenfalls „*von Zorn glüh*[t]", aber dennoch „*mit einer edlen Würde*" (beide III, 4, V. 2421) präsentiert wird.

An einer anderen Stelle im Trauerspiel bringt der Dramatiker bewusst Ironie zum Einsatz, wodurch die englische Königin in den Augen der Zuschauer unbewusst in ein schlechtes Licht gerückt wird. Nachdem Talbot die Regentin nach der Hinrichtung der Maria darüber aufklärt, dass das Todesurteil gegen diese durch den Widerruf des Belastungszeugen unrechtmäßig ist und sie darum bittet, das Verfahren erneut untersuchen zu lassen, willigt Elisabeth mit folgenden Worten ein: „Ich will es tun [...] / Euch zur Beruhigung erneure man / Die Untersuchung – Gut, dass es noch Zeit ist!" (V, 13, V. 3953-3957) Zu diesem Zeitpunkt kann Elisabeth im Gegensatz zum Publikum nicht wissen, dass Burleigh ihrem Staatssekretär das kurz zuvor unterschriebene Todesurteil entrissen und die sofortige Vollstreckung anbefohlen hat. Ob das Entgegenkommen der englischen Königin tatsächlich aufrichtig gemeint ist oder nur Teil ihrer Maskerade ist, sei dahingestellt. Aber auf die Zuschauer, die über die effektvoll inszenierte Exekution der Maria durch Leicesters mündliche Teichoskopie in Kenntnis gesetzt wurden, wirken Elisabeths Worte als geschmacklos und pharisäisch.

Darüber hinaus wird Elisabeth durch ihre Position als mächtigere der beiden Königinnen gezwungen, zu agieren, wohingegen Marias Handlungsmöglichkeiten als Gefangene stark eingeschränkt sind. Aufgrund dieser Konstellation wird im Drama auf einer formalen Ebene eine feste Rollenverteilung erzielt, welche Maria den Part des Opfers zuweist und ihre Rivalin damit in die Rolle der Aggressorin drängt. Auch diese Rollenverteilung trägt dazu bei, dass die englische Königin bereits vor ihrem ersten Erscheinen im zweiten Akt mit Antipathien belegt wird.

Außerdem muss an dieser Stelle darauf hingewiesen werden, dass die Regentin von dem Vorwurf der Rechtsmanipulation weitgehend freizusprechen ist. Die in der Tragödie erwähnten politischen Intrigen und Rechtsbeugungen sind ihr nicht stichhaltig nachzuweisen und tragen zudem eher die Handschrift ihres verschlagenen Großschatzmeisters.[106] Gert Sautermeister weist daher in seiner Abhandlung zu Recht auf Folgendes hin: „Burleigh, der Kläger, bemüht das Recht, dreht und wendet es, um den Staat von einer ihm unbequemen Person zu entlasten."[107] Weiterhin ist davon auszugehen, dass die Monarchin zum

---

[106] Zu erwähnen sind hier die Gefangennahme und Inhaftierung der schottischen Königin auf englischem Boden, die Verweigerung eines ihr zustehenden Anwalts, die Missachtung ihres Rechts auf eine Gegenüberstellung mit den Zeugen sowie die Erzwingung der Falschaussage ihres Schreibers Kurl.
[107] Gert Sautermeister: Maria Stuart. In: Schillers Dramen. Interpretationen. Hg. von Walter Hinderer. Stuttgart 1992, S. 316.

Zeitpunkt der Unterzeichnung des Urteils nicht wissen konnte, dass Marias Brief an Babington von ihrem Schreiber Kurl gefälscht worden ist und Maria damit zu Unrecht verurteilt wurde. Ebenso darf man nicht Gefahr laufen anzunehmen, dass Elisabeth darüber Bescheid wusste, dass der erneute Attentatsversuch durch Sauvage nicht von ihrer Kontrahentin auf den Thron in Auftrag gegeben wurde.

Bei einer Bewertung der Figur der Elisabeth wurde und wird in der Forschung zudem immer wieder vernachlässigt, dass es nicht die Monarchin ist, die ihre Blutsverwandte zum Tode verurteilt. Elisabeths Aufgabe als Staatsoberhaupt ist es vielmehr, dass bereits gefällte Urteil gegenzuzeichnen, um es damit zu legitimieren. Maria wurde bereits bevor die Dramenhandlung einsetzt aufgrund fragwürdiger Indizien unterstellt sie habe nach dem Leben der englischen Königin getrachtet und aufgrund eines eigens dafür entworfenen Gesetzes durch die 42 Richter zum Tode verurteilt. Genau auf diesen Sachverhalt weist der gerissene Burleigh seine Königin kurze Zeit vor deren endgültiger Entscheidungsfindung mit den folgenden Worten hin: „Gerichtet ist schon längst. Hier ist kein Urteil / Zu f ä l l e n, zu v o l l z i e h e n ist's."[108] (IV, 8, 3091f.)

Im vorangegangen Teil wurde Elisabeths moralisch sehr bedenkliche Tat, dass Todesurteil ihrer Rivalin aus einem niederen Beweggrund zu unterschreiben, eingehend betrachtet. Auch wenn diese Tat schwer wiegt und nicht zu entschuldigen ist, muss an dieser Stelle dennoch betont werden, dass Elisabeths Vorgehen im Drama nicht derart skrupellos dargestellt wird, wie das bei klassischen Theaterschurken in anderen Stücken geschieht. Beispielsweise gestaltet sich in Lessings *Emilia Galotti*, in der dem Prinzen ebenfalls ein Todesurteil zur Unterzeichnung vorgelegt wird, die Entscheidungsfindung wie folgt:

> *DER PRINZ. Was ist sonst? Etwas zu unterschreiben?*
> *CAMILLO ROTA. Ein Todesurteil wäre zu unterschreiben.*
> *DER PRINZ. Recht gern. – Nur her! geschwind.*
>   *(Emilia Galotti, I, 8.)*

Im direkten Vergleich wird deutlich, dass sich Schillers Monarchin von dieser inhumanen und bösartigen Gesinnung absetzt.

---

[108] Dass der Fall nicht ganz so eindeutig ist, wie Burleigh hier unterstellt, belegt die Tatsache, dass der Monarch traditionell die Freiheit besaß, sich über ein gerichtliches Urteil hinwegzusetzen und eine Begnadigung auszusprechen.

Um ein umfassendes Bild der Elisabeth zu gewinnen, ist die letzte Szene von besonderem Interesse, da die Figur sprichwörtlich im letzten Moment der Tragödie überraschenderweise eine neue charakterliche Qualität gewinnt. Da sie Burleigh und Davison zur Wahrung des Scheins geopfert hat und sie ihr loyaler Vertrauter Talbot in dieser Szene resigniert verlässt, glaubt die Königin sich nur noch auf ihren Favoriten Leicester stützen zu können. Nachdem sie Kent die Order erteilt, den Grafen zu rufen, kommt es zu folgender Szene:

> KENT.
> *Der Lord lässt sich*
> *Entschuldigen, er ist zu Schiff nach Frankreich.*
> *(Sie bezwingt sich und steht mit ruhiger Fassung da.*
> *Der Vorhang fällt.)*
>   (V, 15, V. 4033f.)

Im Angesicht des Leids, welches ihr in diesem Augenblick widerfährt, lässt Elisabeth durchaus eine gewisse Disposition zur Erhabenheit aufscheinen. Trotz der erschütternden Erkenntnis, dass auch Leicester sie verraten hat und sie nunmehr von all ihren Vertrauten verlassen wurde, bringt sie die Kraft auf, sich zu bezwingen und diese Tatsache mit ruhiger Fassung zu ertragen. Die innere Stärke, die sie in dieser Szene unter Beweis stellt, wertet die Figur auf und gibt ihr zumindest einen kleinen Teil ihrer Würde zurück. Außerdem büßt Elisabeth in dieser Szene in gewisser Weise auch selbst ihre Tat, da sie durch ihr Handeln nunmehr völlig isoliert und vereinsamt zurückbleibt.

Darüber hinaus ist bekannt, dass Schiller mit dem Gedanken gespielt hat, dass die Schauspielerinnen der beiden Protagonistinnen von Aufführung zu Aufführung ihre Rollen tauschen sollten.[109] Diese Überlegung des Dichters legt die Vermutung nahe, dass sich die beiden Königinnen dem Wesen nach nicht so unähnlich sind wie das auf den ersten Blick erscheint.

Nachdem sowohl die belastenden als auch die entlastenden Aspekte beleuchtet wurden, wird die Figur der Elisabeth nachfolgend unter moralischen Gesichtspunkten abschließend beurteilt.

---

[109] Friedrich Schiller (wie Anm. 1), Bd. 42, S. 295.

Abschlussbetrachtung

Die durchgeführten Untersuchungen haben gezeigt, dass die faktische Macht im Drama bei der Regentin liegt, welche sich in ihrem Handeln weder entscheidend von ihren Vertrauten oder dem Volk beeinflussen lässt noch aufgrund einer fragwürdigen Notwendigkeit zum Handeln gezwungen wird. Vielmehr trifft sie eine autonome Entscheidung, für deren Konsequenzen sie somit auch zur Rechenschaft gezogen werden kann. Weiterhin ist deutlich geworden, dass sich die ausschlaggebende Motivation zur Unterzeichnung des Todesurteils nicht auf politische oder konfessionelle Überlegungen gründet, sondern auf gekränkten Stolz infolge einer öffentlichen Demütigung. Demzufolge erscheint die Unterzeichnung in ihrer Monologszene als Akt der persönlichen Rache an ihrer Rivalin und damit aus einem niederen Beweggrund heraus. Immer urteilt zu Recht: „So missbraucht sie ihr staatlich-öffentliches Regentenamt, um ihre höchst private Rache durchzusetzen."[110] Dass die Monarchin zur Durchsetzung ihrer Ziele ihre Gewalt wider herrschendes Recht missbraucht, gibt sie gegenüber Maria offen zu: „Was ist mir Blutsverwandtschaft, Völkerrecht? / [...] Gewalt nur ist die einz'ge Sicherheit." (III, 4, V. 2353-2361)

Im Hinblick auf eine moralische Bewertung der Figuren gelangt Matthias Luserke-Jaqui zu der Einschätzung, dass „das Drama selbst auf eine ‚Ausgewogenheit' bei der moralischen bzw. ästhetischen Beurteilung der beiden Königinnen hinzielt."[111] Auch wenn die Erkenntnisse des vorangegangenen Teils Elisabeth sicherlich partiell entlastet haben, kann man meines Erachtens dennoch nicht von einer moralischen Ausgewogenheit der Protagonistinnen sprechen. Denn im Gegensatz zu ihrer Gegenspielerin sind bei Elisabeth im weiteren Dramenverlauf keine Anzeichen einer späten Reue auszumachen, die sich mildernd auf eine moralische Bewertung auswirken würden. Vielmehr ist sie bestrebt, die Verantwortung für ihr Handeln auf die Schultern anderer abzuwälzen, wodurch sie sich erneut in Schuld verstrickt. Unter moralischen Gesichtspunkten wiegt zudem die zweifache Anstiftung zum geheimen Meuchelmord ihrer Kontrahentin besonders schwer. Ein Mensch, der gleich zwei Mal den Versuch unternimmt, seine Rivalin wider Menschenwürde und geltendem Recht ermorden zu lassen und dabei kein schlechtes Gewissen zeigt, handelt entgegen moralischer Werte und Normen und damit unmoralisch.

---

[110] Nikolas Immer (wie Anm. 18), S. 145.
[111] Matthias Luserke-Jaqui (wie Anm. 24), S. 577.

Nach Abschluss meiner Untersuchungen bin ich zu der Überzeugung gelangt, dass Elisabeth in moralischer Hinsicht sicherlich stark belastet werden muss, aber dennoch keinem rein unmoralischen Theaterbösewicht entspricht, wie ihn beispielsweise Shakespeares Iago verkörpert, da sie nicht derart unmenschlich dargestellt wird. Wenn sie tatsächlich eine klassische Schurkin verkörperte, hätte sie sicherlich auf einen langwierigen Entscheidungsmonolog und aufreibende Diskussionen mit ihren Beratern verzichtet und stattdessen ihre Rivalin unmittelbar nach deren Gefangennahme hinrichten lassen, ohne einen Gerichtsbeschluss abzuwarten. Allerdings darf man dennoch nicht so weit gehen, neben Maria auch die englische Königin als gemischten Charakter[112] zu verstehen, wie das etwa Sautermeister tut.[113] Denn nach meiner Einschätzung ist das Gleichgewicht zwischen dem moralisch verwerflichen und dem vollkommenen Pol bei Schillers Elisabeth merklich in Richtung des verwerflichen verschoben worden.

---

[112] Schillers theoretischen Schriften zufolge liegt ein gemischter Charakter „in gleicher Entfernung zwischen dem ganz Verwerflichen und dem Vollkommenen." (Friedrich Schiller (wie Anm. 22), S. 273.)

[113] Vgl. „Elisabeth und Maria sind »gemischte Charaktere«." (Gert Sautermeister (wie Anm. 34), S. 283)

Bibliographie

Quellen:

LESSING, Gotthold Ephraim: *Werke und Briefe*. Hg. von Wilfried Barner u.a. Bd. 6: Werke 1767-1769. Hg. von Klaus Bohnen. Frankfurt a.M. 1985.

RICHTER, Jean Paul: *Sämtliche Werke*. Hg. von Norbert Miller. Abt. I, Bd. 5. Darmstadt 2000.

SCHILLER, Friedrich: *Maria Stuart*. Ein Trauerspiel. Stuttgart 2009.

Ders.: Schillers Werke. Nationalausgabe. Im Auftrag des Goethe- und Schiller-Archivs, des Schiller-Nationalmuseums und der Deutschen Akademie. Hg. von Julius Petersen und Gerhard Fricke.

Bd. 30: Briefwechsel. Schillers Briefe. 1. November 1798 – 31. Dezember 1800. Hg. von Lieselotte Blumenthal. Weimar 1961.

Bd. 42: Schillers Gespräche. Unter Mitwirkung von Lieselotte Blumenthal. Hg. von Dietrich Germann und Eberhard Haufe. Weimar 1967.

Ders.: Friedrich Schiller. Werke und Briefe in zwölf Bänden [Frankfurter Ausgabe]. Hg. von Otto Dann u.a. Bd. 8: Theoretische Schriften. Hg. von Rolf-Peter Janz. Frankfurt a.M. 1992.

Darstellungen:

ALT, Peter-André: Schiller. Leben – Werk – Zeit. Eine Biographie. Bd. 1-2. München 2004.

BECK, Adolf: Schiller. „Maria Stuart". In: Das deutsche Drama. Vom Barock bis zur Gegenwart. Bd. 1. Hg. von Benno von Wiese. Düsseldorf 1968, S. 305-321.

GUTHKE, Karl S.: Schillers Dramen. Idealismus und Skepsis. Tübingen und Basel 1994.

IMMER, Nikolas: Die schuldig-unschuldigen Königinnen. Zur kontrastiven Gestaltung von Maria und Elisabeth in Schillers *Maria Stuart*. In: Euphorion 99 (2005), S. 129-152.

INGEN, Ferdinand van: Macht und Gewissen: Schillers »Maria Stuart«. In: Verantwortung und Utopie. Zur Literatur der Goethezeit. Ein Symposium. Hg. von Wolfgang Wittkowski. Tübingen 1988, S. 283-309.

LUSERKE-JAQUI, Matthias (Hg.): Schiller. Klassische Dramen. Text und Kommentar. Bd. 26. Frankfurt a.M. 2008.

NEYMEYR, Barbara: Macht, Recht und Schuld. Konfliktdramaturgie und Absolutismuskritik in Schillers Trauerspiel *Maria Stuart*. In: Schiller. Werk Interpretationen. Hg. von Günter Sasse. Heidelberg 2005, S. 105-136.

SAUTERMEISTER, Gert: *Maria Stuart*. Ästhetik, Seelenkunde, historisch-gesellschaftlicher Ort. In: Schillers Dramen. Interpretationen. Hg. von Walter Hinderer: Stuttgart 1992, S. 280-335.

VONHOFF, Gert: *Maria Stuart*. Trauerspiel in fünf Aufzügen (1801). In: Schiller Handbuch. Hg. von Matthias Luserke-Jaqui. Weimar 2005, S. 153-168.

ZYMNER, Rüdiger: Friedrich Schiller. Dramen. Berlin 2002.

Lukas R. Kroll:
Lord Leicester und Mortimer als Kontrastfiguren? – Eine Analyse anhand Friedrich Schillers „Maria Stuart"

Einleitung

Maria Stuart als Trauerspiel

Maria Stuart ist eine immer wiederkehrende Figur der europäischen Literaturgeschichte. Daher scheint es nicht weiter überraschend, dass diese Figur auch im Rahmen der Weimarer Klassik Anklang fand und von Friedrich Schiller in Form eines Trauerspiels behandelt wurde. Vor allem die, von ihm vorgenommene, Charakterisierung des Werks als Trauerspiel ist geradezu sinnbildlich für die komplette Konzeption des Dramas. Er teilt sein Werk in fünf Aufzüge ein, die wiederum in mehrere Auftritte unterteilt sind. Die Zahl der Auftritte ist hierbei variabel. Außerdem hält sich Schiller strikt an die „Lehre der drei Einheiten" von Aristoteles[114]. Das Trauerspiel vollzieht sich innerhalb von drei Tagen und gibt nur gelegentliche Rückblicke auf vorherige Ereignisse. Ebenso verhält es sich auch mit der Einheit des Raums. Schiller begrenzt sich auf drei zentrale Orte, an denen sich die komplette Handlung vollzieht. Durch den Verzicht auf Nebenschauplätze und somit auch auf Nebenhandlungen komplettiert Schiller die „Lehre der drei Einheiten".

Trotzdem stellt sich die Frage warum Schiller das Trauerspiel als Form für seine dramatische Ausarbeitung wählte. Bei der Geschichte Maria Stuarts handelt es sich schließlich um historisch belegte Tatsachen, einer Darbietung als Geschichtsdrama hätte also nichts im Wege gestanden. Widmet man sich jedoch den tragenden Elemente des Trauerspiels so wird schnell deutlich aus welchen Gründen sich Friedrich Schiller für eben jene Form entschieden hat, denn auch in diesem Gesichtspunkt hält er sich streng an literaturtheoretische Überlegungen. Gemäß der Ständeklausel bewegt er sich in der gesellschaftlichen Schicht der Adels, in diesem Falle sogar des Hochadels, und kreiert somit ein weiteres zentrales Element des Trauerspiels: die Fallhöhe der Hauptfigur. Maria Stuart, die Königin von Schottland, befindet sich eingekerkert und unter Beobachtung der britischen Königin in England, und soll dort hingerichtet werden. Die Fallhöhe für eine Königin, der in England meist nur Verachtung und Hass entgegengebracht wird und die weiterhin all ihrer Reichtümer und Statussymbole beraubt wird[115], könnte wohl kaum größer sein. Hinzu tritt ein weiteres Element des Trauerspiels: die „schuldlose Schuld". Im Regelfall

---

[114] Vgl. J. Petersen u. M. Wagner-Egelhaaf: Einführung in die neuere deutsche Literaturwissenschaft, S.77

[115] Vgl. F. Schiller: Maria Stuart, I, 1

versteht man unter diesem Begriff die Tatsache, dass sich die Hauptfigur, getrieben durch äußere Umstände, schuldig macht. Im Falle der Maria Stuart ist diese Form der Schuld jedoch nicht eindeutig festzustellen. Zwar gibt es verschiedene Vorwürfe gegen sie, diese können allerdings nicht eindeutig geklärt werden oder sie werden sogar als falsch identifiziert.

Friedrich Schiller wählte für seine Ausarbeitung von „Maria Stuart" somit eine Form, die den Schwerpunkt eindeutig auf die dramaturgische Entwicklung legt.

Essentieller Bestandteil dieser Entwicklung ist zudem die Hoffnung. Im Verlauf des Dramas scheint es für den Leser zeitweise möglich, dass die schottische Königin aus ihrer misslichen Lage gerettet werden könnte.

Hauptteil

Die dramaturgische Bedeutung

Diesen Hoffnungsschimmer verdankt sie im Wesentlichen zwei Figuren: Mortimer und Lord Leicester; wobei anzumerken ist, dass es sich bei Mortimer um eine fiktive Figur handelt. Beide haben die Absicht Maria zu befreien. Ob ihre Intentionen und ihre Formen der Umsetzung jedoch wirklich übereinstimmen, soll im Folgenden untersucht werden. Zu diesem Zweck werde ich mich intensiv mit dem Interpretationsansatz von Reinhard Leipert auseinandersetzen[116]. Dieser stellt zunächst die Frage nach der Funktion der beiden Figuren und kommt zu dem Schluss, dass sie Friedrich Schiller als dramaturgisches Mittel für die Verschärfung des Konflikts zwischen Maria Stuart und Elisabeth, der Königin von England, dient[117]. Elisabeth sieht in Maria eine direkte Konkurrentin um den Königstitel und sperrt diese unter dem Vorwand ihren Ex-Mann ermordet zu haben ein. Hinzu kommt der Vorwurf an einer Beteiligung bei einer Attentatsplanung auf Elisabeth. Neben diesem politisch-persönlich motivierten Konfliktpunkt sind auch religiöse Differenzen von Bedeutung. Mortimer und Lord Leicester nehmen in diesem Konflikt eine besondere Rolle ein. Beide sind als englische Bürger der Königin verpflichtet, sie lieben jedoch auch beide die gefangene Maria. Interessant ist, dass beide Figuren einer gewissen Entwicklung bedürfen, bis sie sich ihrer Liebe zu Maria klar werden. Lord Leicester kehrt sich von seiner geliebten Elisabeth ab, nachdem deutlich geworden ist, dass sie plant eine politisch motivierte Zwangsheirat mit dem französischen Prinzen einzugehen. Als Resultat dieser

---

[116] R. Leipert: Maria Stuart. Interpretation, S.91-93
[117] Vgl. ebd., S.91

Entscheidung wendet er sich seiner ehemals Geliebten abermals zu[118], nachdem diese ihm ein Foto hat zukommen lassen. Mortimer, der mehrere Jahre auf dem europäischen Kontinent verbracht hat[119] scheint zunächst ein treuer Anhänger des britischen Königshauses zu sein. Schnell entpuppt er sich aber als Helfer der schottischen Königin, von deren Leid er bei ihren Verwandten in Frankreich erfahren hat[120], und der zudem im Rahmen seiner Europa-Reise zur katholischen Kirche konvertiert ist. Wie auch Lord Leicester wird Mortimer durch ein Bildnis von Maria Stuart in deren Bann gezogen[121]. Reinhard Leipert deutet diese Stelle in Mortimers Bericht als Ausgangspunkt für seine emotionale Entwicklung: „Wie in der sogenannten „Römererzählung" (I,6), in der Mortimer Maria gegenüber seine politische und private Identität preisgibt, gewinnt bei Mortimer an dieser Stelle [V.1646ff.] die erotisch private Natur die Oberhand über seine Vernunft."[122]. Leipert zeigt hier deutliche Entwicklungstendenzen auf, die er allerdings nicht konsequent zu Ende führt. Denn der Höhepunkt Mortimers Entwicklung, die sich letztlich als Besessenheit charakterisieren lässt, erfolgt erst zu einem späteren Zeitpunkt[123]. Neben einer Radikalisierung des benutzten Vokabulars findet man auch ein stilistisches Mittel, welches die Emotionalität und Aufgewühltheit hervorhebt. Mortimer bedient sich an diesen Stellen lyrischer Sprache, was sich vor allem an den verschiedenen Reimvariationen erkennen lässt[124]. Seine leidenschaftliche Liebe zu Maria findet hier auch ihren formalen Ausdruck.

Lord Leicester und Mortimer sind im Rahmen der dramaturgischen Entwicklung des Stückes also unabdingbar, da beide als potentielle Retter Marias in Frage kommen.

Die grundsätzlichen Intentionen

„Umsonst! Mich rettet nicht Gewalt, nicht List."[125]. Diese Aussage Marias im ersten Aufzug kann fast schon als Prophezeiung der sich anschließenden Ereignisse betrachtet werden. In diesem prägnanten Ausruf charakterisiert sie die Vorgehensweisen ihrer möglichen Retter genau, weist aber zeitgleich auch

---

[118] Vgl. F. Schiller: Maria Stuart, V.1805-1822
[119] Vgl. ebd. V.413
[120] Vgl. ebd. V.492-512
[121] Vgl. ebd. V.502-512
[122] R. Leipert: Maria Stuart. Interpretation, S.92
[123] Vgl. F. Schiller: Maria Stuart, V.2562-2592
[124] Vgl. ebd. V.1646-56; V.2562-2592
[125] Ebd. V.661

auf deren Scheitern hin. Trotzdem stellt sich die Frage welche grundsätzlichen Ansichten hinter den beiden Mitteln, Gewalt und List, stehen. Zunächst bedarf es jedoch einer Zuordnung der Begriff zu den Figuren.

Wie im Vorfeld bereits angedeutet lässt sich bei Mortimer eine Intensivierung der emotionalen Bindung zu Maria feststellen. Diese, in dem Zusammenhang bereits angesprochene, Besessenheit von Maria findet im dritten Aufzug ihren Höhepunkt[126]. Selbst in der, von ihm angestrebten, Liebesbeziehung ist er bereit sich der Gewalt als Aneignungsmittel zu bedienen. Bezüglich ihrer Rettung wird schon früher deutlich, dass Mortimer eine gewaltsame Befreiung anstrebt[127]. Insgesamt scheint sein Charakter für solch radikale Ansätze anfällig zu sein. Auch die Schilderung seiner Erlebnisse in Europa, vor allem im Bezug auf den katholischen Glauben und der „Künste Macht"[128] ist ein Indiz für seine extremen emotionalen Ausprägungen. Leipert fasst diese Tendenzen wie folgt zusammen: „Verzichtet Leicester um der Macht willen auf eine humane Existenz, so lässt Mortimer, um der Leidenschaft willen, sich zu inhumanem Verhalten verleiten."[129]. Die Intention Mortimers lässt sich somit relativ simpel fassen. Er ist geleitet von seiner emotionalen Besessenheit.

Anders verhält es sich bei Lord Leicester. Laut Leipert ordnet er seine Bemühungen, wie dem vorangehenden Zitat zu entnehmen ist, der Macht unter. Leipert fasst diese Einstellung unter dem Begriff des „entfremdeten Utilitarismus" zusammen[130]. Leipert versäumt es diese Form des Utilitarismus' zu konkretisieren, er gibt jedoch verschiedene Anhaltspunkte, die zur Klärung dienen könnten. „Er ist derjenige, der am konsequentesten den nur persönlichen Vorteil zur Richtschnur seines politischen Handelns macht: «[...] Hier ist nicht / Die Rede von dem Recht, nur von dem Vorteil. (V.1440f.)»"[131]. Diese Einschätzung Leiperts erklärt zumindest den Begriff des Utilitarismus' in seiner Kurzcharakterisierung. Seiner Ansicht nach ordnet Lord Leicester sein privates Glück seinem Machtwillen unter und wird somit zum „Vertreter des höfischen Scheins"[132]. Diese Argumentation erweist sich auf den ersten Blick durchaus als schlüssig, denn Lord Leicester ist stets darum bemüht sich den äußeren Begebenheiten anzupassen. Die Vergegenwärtigung seiner Liebesgefühle für

---

[126] Vgl. ebd. V.2587-2592
[127] Vgl. ebd. V.631-660
[128] Ebd. V.430
[129] R. Leipert: Maria Stuart. Interpretation, S.92
[130] Vgl. R. Leipert: Maria Stuart. Interpretation, S.92
[131] Ebd. S.91
[132] Ebd. S.91

Maria ist kaum vorüber, als er Elisabeth seinen Kummer über die anstehende Hochzeit mit dem französischen Prinzen offenbart[133]. Wie eingangs bereits vermerkt ist sein Mittel zur Rettung Marias also die List. Nun stellt sich die Frage, ob man unter Anbetracht dieser Zielsetzung die Intention Lord Leicesters wirklich als „entfremdeten Utilitarismus" kennzeichnen kann. Sein Hauptantrieb ist, wie auch bei Mortimer, die Liebe zu Maria, die wohl kaum als utilitaristisch definiert werden kann. Eine Liebesbeziehung zu einer schwer beschuldigten schottischen Königin steht in ihrer Konsequenz im Widerspruch zum Machtstreben, das Lord Leicester unterstellt wird. Eine solche Beziehung hätte sicher zu einer Entmachtung Lord Leicesters am englischen Hof geführt, die er anscheinend jedoch zumindest zeitweise bereit ist in Kauf zu nehmen. Trotzdem ist die These Leiperts nicht ganz von der Hand zu weisen. Während Mortimers Pläne zur Rettung Marias bereits zu Beginn des Stücks konkrete Formen angenommen haben[134], erweist sich Lord Leicester nahezu als tatenlos. Allein das Treffen der beiden Königinnen ist ihm zuzuschreiben. Der erwünschte Effekt des Treffens bleibt jedoch aus[135]. Ansonsten kennzeichnet sich Lord Leicester durch die, von Leipert aufgeführte, Ohnmacht[136], die auch bei Schiller Verwendung findet. Bezeichnenderweise ist es gerade der Tatmensch Mortimer, der den Vorwurf den Untätigkeit gegen Lord Leicester vorbringt: „Ihr tatet aber nichts zu ihrer Rettung!"[137]. Deutet man diesen Auftritt als Beginn des „Hoffnungselements" Lord Leicester, so ist darauf hinzuweisen, dass selbiges durch den Begriff der Ohnmacht auch beendet wird. Lord Leicester wird sich, nach seinem letzten Treffen mit Maria, seiner Verfehlungen bewusst und fällt in Ohnmacht[138]. Leipert spricht an dieser Stelle von einer symbolträchtigen Ohnmacht[139]. Die moralische Verfehlung, die er sich eingestehen muss, ist wohl der ausschlaggebende Punkt, der Leipert zu seinem Urteil des „entfremdeten Utilitarismus" kommen lässt. Lord Leicesters falsches Spiel gegenüber der englischen Königin wird durch Burleigh aufgedeckt[140] und er sieht sich nun in einem inneren Konflikt zwischen seinen Gefühlen und seinem Streben nach Machterhalt. Er entscheidet sich für die Verleugnung seiner Gefühle und für den

---

[133] Vgl. F. Schiller: Maria Stuart. II,9
[134] Vgl. ebd. V.631-640
[135] Vgl. ebd. V.2418-2451
[136] R. Leipert: Maria Stuart. Interpretation, S.91-93
[137] Vgl. F. Schiller: Maria Stuart. V.1823
[138] Vgl. F. Schiller: Maria Stuart. V,10
[139] R. Leipert: Maria Stuart. Interpretation, S.93
[140] Vgl. F. Schiller: Maria Stuart. IV,3

Verrat an Maria und Mortimer, dessen Pläne er nutzt um sich selbst zu retten[141]. Diese moralische Verfehlung führt schlussendlich auch zum Eingeständnis der „persönlichen Ohnmacht". Ganz anders erweist sich hingegen das Ende Mortimers. „Fluch und Verderben euch, die ihren Gott / Und ihre wahre Königin verraten! / Die von der irdischen Maria sich / Treulos, wie von der himmlischen gewendet, / Sich dieser Bastardkönigin verkauft -"[142]. Er nennt die moralischen Verfehlungen Lord Leicesters explizit und bleibt auch sonst seinen Prinzipien treu. Er erdolcht sich selbst statt sich in Gefangenschaft zu begeben und demonstriert dadurch seine Autonomie[143].

Resümee

Lord Leicester und Mortimer als Rivalen?

Wie die bisherigen Ausführungen gezeigt haben weist Reinhard Leiperts Interpretationsansatz einige interessante Gedanken auf, auch wenn diesen nicht immer vollständig zugestimmt werden kann. Ähnlich verhält es sich auch mit dem Aspekt der Rivalität, die Leipert für das kennzeichnende Merkmal der Beziehung zwischen Lord Leicester und Mortimer sieht. Seine Interpretation ist vollständig aus der retrospektiven Sicht verfasst. Generell ist diese Sichtweise zwar nicht in Frage zu stellen, allerdings entgehen ihm so Entwicklungstendenzen, die sich im Lauf des Stücks vollziehen. Die Rivalität zwischen Mortimer und Lord Leicester ist ein weiteres Beispiel für diese Tendenzen. Das Verhältnis der zwei Figuren ist zu Beginn sogar eher gegenteilig zu deuten. Das Wissen um einen Mitstreiter auf der jeweiligen „Gegenseite" schafft zwischen beiden ein Gefühl der Vertrautheit[144]. Selbst wenn dieses Gefühl nicht lange anhält darf es nicht übergangen werden. Die Rivalität deutet sich jedoch schon im Fortlauf des Gesprächs der beiden Figuren an, in dem ihre unterschiedlichen Geisteshaltungen und Pläne deutlich werden[145]. Hinzu kommt die fortschreitende Intensivierung der Liebesgefühle von Mortimer, die ebenfalls als tragendes Element der Rivalität gedeutet werden

---

[141] Vgl. ebd. IV,6
[142] Vgl. ebd. V.2811-2815
[143] Vgl. ebd. V.2807f.; R. Leipert: Maria Stuart. Interpretation, S.93
[144] Vgl. F. Schiller: Maria Stuart. V.1756-1761
[145] Vgl. F. Schiller: Maria Stuart. V.1823-1830

kann. Die schlussendliche Verurteilung Lord Leicesters durch Mortimer verdeutlicht die Gegensätze vollends[146].

Zusammenfassung

Mortimer und Lord Leicester sind zwei dramaturgisch bedeutende Elemente in „Maria Stuart". Sie verschärfen und verdeutlichen den zentralen Konflikt zwischen Maria und Elisabeth. Beide handeln aufgrund ihrer Gefühlslage für die schottische Königin, ihre Wege zur Rettung dieser könnten jedoch nicht unterschiedlicher sein. Während Mortimer sich als Tatmensch erweist, der auch bereit ist sein Ziel gewaltsam zu realisieren, versucht sich Lord Leicester mit dem Mittel der List zu behelfen und so die Begnadigung seiner Geliebten zu erreichen. Das Abtreten der jeweiligen Figuren ist jedoch am charakteristischsten für die unterschiedlichen Geisteshaltungen. Lord Leicester verleugnet seine Gefühle und beugt sich dem höfischen Zwang und seinem eigenen Machtstreben. Dadurch wird er zum Sinnbild einer „ihrer Sittlichkeit und damit ihrer Humanität beraubte[n] Welt."[147]. Mortimer kann sich hingegen bereits auf seine Europa-Reise von all diesen Zwängen lossagen und demonstriert dies auch noch kurz vor seinem Selbstmord: „Was willst du, feiler Sklav der Tyrannei? / Ich spotte deiner, ich bin frei!"[148].

Lord Leicester und Mortimer werden somit beispielhafte Vertreter verschiedener Weltanschauungen und innerer Triebe, die, obwohl sie das selbe Ziel verfolgen, miteinander konkurrieren und letztlich auch beide scheitern.

---

[146] Vgl. F. Schiller: Maria Stuart. V.2809-2815
[147] R. Leipert: Maria Stuart. Interpretation, S.92
[148] F. Schiller: Maria Stuart. V.2806f.

Literaturverzeichnis

Leipert, Reinhard: Friedrich Schiller, Maria Stuart. Interpretation, München 1991

Petersen, Julius Und Schneider, Hermann: Schillers Werke. Nationalausgabe, Bd.9, Maria Stuart, Die Jungfrau von Orleans, Weimar 1948

Petersen, Jürgen H. Und Wagner-Egelhaaf, Martina: Einführung in die neuere deutsche Literaturwissenschaft. Ein Arbeitsbuch, 7.vollständig überarbeitete Auflage, Berlin 2006

Erwin Leibfried:
Maria Stuart, Ein Trauerspiel (1801) – Ästhetische Reflexion einer Phase des Absolutismus

Schon die Zeitgenossen hatten große Schwierigkeiten, so etwas wie ein Thema zu sehen. Von Goethe soll die Bemerkung sein: *Mich soll nur wundern, was das Publikum sagen wird, wenn die beiden Huren zusammenkommen und sich ihre Aventuren vorwerfen.*[149] Was immer Goethe gesagt hat, die Äußerung ist symptomatisch für die Ratlosigkeit über das, was in dem Stück gestaltet ist. Dabei hätte eine genaue Lektüre bes. des Anfangs weiterhelfen können. Schreibt doch Schiller eben an Goethe, *dass man die Catastrophe gleich in den ersten Szenen sieht* (18.06.99). Damit ist nicht nur der Untergang der Titelheldin gemeint, vielmehr all das, was ihn im Sinne der Tragödie notwendig macht. Man sieht in den ersten Szenen das Thema des Dramas.

Dieses Thema ist mehrfach dimensioniert; in formalbegrifflicher Erfassung hat es eine subjektive und eine objektive Seite. Die subjektive Dimension ist die individuelle der Personen, was man poetologisch deren Charakter nennt; die objektive ist das, freilich an die Personen geknüpfte, doch über sie hinausgehende, Gesellschaftliche, Staatlich Politische. Beide Ebenen sind in ihrer Antithetik und Verschränkung anhand des Textes zu explizieren.

(1)

Caroline Schlegel schreibt am 7. Mai 1801 an ihren Gatten August Wilhelm: *Das Politische darin* [in der *Maria Stuart*] *hat auch die Deutlichkeit einer Deduktion nicht los werden können.*[150] Freilich lässt sie uns mit einer näheren Bestimmung dieses Politischen allein, sie geht darauf nicht weiter ein. Zu fragen bleibt also, was in dem Stück das deutlich deduzierte Politische sein könnte.

Dem germanistisch geschulten Ohr entgeht nicht bei der Lektüre das Rekurrente, wiederholt Auftauchende; es weist in der Form des Leitmotivs auf Zentrales hin: Paulet wirft gleich zu Beginn im Gespräch mit der Gesellschafterin Marias dieser vor,

> *die Fackel*
> *Des Bürgerkrieges in das Reich zu schleudern (V. 65)*

---

[149] Äußerung Goethes, von Wilhelm Grimm berichtet, hier zitiert nach NA 9, S. 371
[150] Zit. nach NA 9, S. 380.

Bürgerkrieg erscheint wörtlich mindestens noch zweimal (V. 822, 841), auch wieder in Form des Vorwurfs gegen Maria, jetzt von Burleigh:

> *Da Ihr ... durch die Flammen*
> *Des Bürgerkriegs zum Throne steigen wolltet. (V. 840 f.)*

Nicht wörtlich, aber nur substituiert durch *Zwietracht* (in V. 834), wird dieses Motiv noch einmal verstärkt. Mit *Bürgerkrieg* ist ein ganz zentrales Moment der Thematik des Stückes getroffen. Poetisiert ist vom Dichter eine bestimmte Epoche der Geschichte der Menschheit, am Ende des Absolutismus dessen Anfang. Gezeigt wird, wie der eine absolut regierende Monarch, im Stück Elisabeth, aus einem Konkurrenzkampf entsteht, sich aus der Situation des religiösen Bürgerkriegs: nicht umsonst ist Maria katholisch und Elisabeth anglikanisch reformiert, als Garant der inneren Ordnung entwickelt. Und, um das vorweg zu nehmen: gezeigt wird, welch eine erbärmliche Figur dieser Monarch ist, der am Ende, reduziert auf die Ordnungsfunktion, völlig vereinsamt dasteht:

> *Der Lord lässt sich*
> *Entschuldigen, er ist zu Schiff nach Frankreich. (V. 4032 f.)*

Dies erhält Elisabeth zur Antwort, als sie menschlichen Trost suchend nach dem Geliebten fragt. Der pointierte Schluss des Stückes hat die Zeitkritik des klassischen Poeten in sich: er weist auf die inhumane Rolle hin, die die absoluten Fürsten zu spielen gezwungen sind. Mit der Moral, die sie in der Politik nicht gebrauchen können, haben sie auch die Menschlichkeit aus sich vertrieben. In der Figur der Elisabeth hat Schiller, u. U. gegen seine bewusste Absicht und ohne sein Wissen, die Situation der Herrschenden erfasst. Das bleibt aber noch zu erläutern. In der neueren Forschung hat der Historiker Koselleck, auf die *Genese des absolutistischen Staates aus der Situation des religiösen Bürgerkrieges*[151] hingewiesen. Der *Anfang ... des klassischen Absolutismus ... war der religiöse Bürgerkrieg. In mühseligen Kämpfen hatte sich der moderne Staat aus den Religionswirren erhoben.*[152] Schiller hat dieses Moment des religiösen Gegensatzes als Grund des Konflikts zwischen Elisabeth

---

[151] R. Koselleck, Kritik und Krise. Eine Studie zur Pathogenese der bürgerlichen Welt, zuerst Freiburg 1959; dann: Frankfurt 1976; hier S. V.
[152] Ebd. S. 11. Im Stück selbst wird genügend genau auf diese Thematik hingewiesen: Nicht alle deine Briten denken gleich,/Noch viele heimliche Verehrer zählt / Der römische Götzendienst auf dieser Insel. / Die alle nähren feindliche Gedanken (V. 1261ff.). Königsmord (V. 1273) werde in diesen Zirkeln gelehrt. Dagegen steht die Aufgabe der absoluten Elisabeth: das Glück / Des Friedens diesem Reiche zu verlängern (V.1 307f.).

und Maria nicht in extenso thematisiert, aber nachdrücklich genannt, daneben andere Momente angespielt: Besonders Maria versteht sich als *eine freie Königin des Auslands* (V. 727), es ist ihr wichtig, im Hinblick auf die Rechtmäßigkeit der Verurteilung, *nicht dieses Reiches Bürgerin zu sein* (V. 726). So wird der Vorwurf des Eroberungskrieges motiviert, den Paulet vorbringt: Maria hoffe, *diese ganze Insel / Aus ihrem Kerker zu erobern* (V. 114 f.). Bürgerkrieg und Eroberungskrieg gehören für den Poeten, der das Ganze verbalisiert, zusammen. Sie sind für ihn Mittel, zentrale geschichtliche Strukturen darzustellen. Deren Formulierung überträgt er Maria:

> *Denn nicht vom Rechte, von Gewalt allein*
> *Ist zwischen mir und Engelland die Rede. (V. 957 F.)*

Recht als positiv geltende Satzung wird erst durch den Sieg des dann absolut regierenden Monarchen ermöglicht. Solange um die bestimmende Funktion gerungen wird, gilt nur *Gewalt*, Faustrecht, *bellum omnium contra omnes*; es ist die Situation des Naturzustandes, bzw. genauer: des sich bildenden Absolutismus.

Maria sieht die geltenden Handlungsmaximen deutlich:

> *Ich bin die Schwache, sie die Mächtge*
> *Wohl! Sie brauche die Gewalt, sie töte mich,*
> *Sie bringe ihrer Sicherheit das Opfer.*
> *Doch sie gestehe dann, dass sie die Macht*
> *Allein, nicht die Gerechtigkeit geübt.*
> *Nicht vom Gesetze borge sie das Schwert,*
> *Sich der verhassten Feindin zu entladen*
> *Und kleide nicht in heiliges Gewand*
> *Der rohen Stärke blutiges Erkühnen.*
> *Solch Gaukelspiel betrüge nicht die Welt!*
> *Ermorden lassen kann sie mich, nicht richten! (V. 961 ff.)*

Gewalt, Macht, rohe Stärke beschreiben eine Geschichte, die anders verläuft als die von ihr betroffenen Subjekte es wünschen können. Dagegen wird von Maria die Utopie eines anderen Zustandes gesetzt:

> *Ja ich gesteht dass ich die Hoffnung nährte,*
> *Zwei edle Nationen unterm Schatten*
> *Des Ölbaums frei und fröhlich zu vereinen [...]*

> *Der alten Zwietracht unglückselge Glut*
> *Hofft ich auf ewge Tage zu ersticken,[...]*
> *die Kronen*
> *Schottland und England friedlich zu vermählen. (V. 829 ff.)*

Eine zentrale tragische Struktur des Stückes liegt darin, dass Maria mit diesem Programm nicht zum Zuge kommt. Was richtig wäre, realisiert sich nicht. Das ist eine Erfahrung des klassischen Poeten, dessen Leben auch durch die Revolution bzw. napoleonischen Kriege tangiert wird. Im letzten Auftritt des Stückes und hier rundet sich diese Thematik stellt Shrewsbury das Ergebnis fest:

> *Die Gegnerin ist tot. Du hast von nun an*
> *Nichts mehr zu fürchten, brauchst nichts mehr zu achten. (V. 4030 f.)*

Damit ist die Position des absoluten Fürsten umschrieben. Schiller hat dabei die Betonung auf das gelegt, was man die Anthropologie des Herrschers nennen könnte. Es geht ihm um dessen Person, den König als Menschen. Das zeigt im Ganzen der Gang der Handlung: dass Elisabeth vereinsamt zurückbleibt: *Sie bezwingt sich und steht mit ruhiger Fassung da.*[153] Gezeigt wird, wie menschliche Bedürfnisse in der politischen Maschine deformiert werden.

> *Ich darf ja*
> *Mein Herz nicht fragen. Ach! Das hätte anders*
> *Gewählt. Und wie beneid ich andre Weiber,*
> *Die das erhöhen dürfen, was sie lieben,*
> *So glücklich bin i c h nicht, dass ich dem Manne,*
> *Der mir vor allen teuer ist, die Krone*
> *Aufsetzen kann! Der Stuart wards vergönnt,*
> *Die Hand nach ihrer Neigung zu verschenken,.. (V. 1968 ff.)*

Gegenübergestellt, und diese Opposition ist ein tragisches Moment in Elisabeth, werden Coeur und (Staats-)Raison. Besonders der zweite Aufzug, der die von Burleigh geplante Vermählung Elisabeths mit Monsieur (dem Bruder des französischen Königs) in ihrer Problematik entfaltet, gibt dazu Gelegenheit. Elisabeth scheint sich ganz für die Pflicht entschieden zu haben, genauer: sie muss es, wenn der Poet seine Absicht: sie in der Rolle des absoluten Herrschers zu zeigen, darstellen will. Notwendig, und das ist im Sinn der Alten ein Moment von Nemesis (Schicksal), ist diese Verbindung von Herrschaft und menschlicher Entfremdung. Leicester versucht, diese von Schiller als notwendig gewusste und

---

[153] Letzte Regieanweisung Schillers am Schluss des Stückes; bei Schiller kursiv.

poetisierte Korrelation zu leugnen, indem er sie personalisiert, die Schuld allein dem Burleigh in die Schuhe schiebt:

Der denkt allem auf deinen Staatsvorteil
Auch deine Weiblichkeit hat ihre Rechte,
Der zarte Punkt gehört vor D e i n Gericht
Nicht vor des Staatsmanns ... (V 20i5 f.)

Das Stück zeigt gegen diese Meinung des Lords, dass das Recht der Weiblichkeit dann nicht in Anspruch genommen werden kann, wenn die öffentliche Funktion den Menschen einseitig deformiert hat. Ein zentrales Thema der Klassiker: die nicht mögliche allseitige Realisierung der menschlichen Möglichkeiten, Bedürfnisse ist hier mitartikuliert. Gezeigt wird, pur konstatierend, was man begrifflich Entfremdung nennen könnte, eine Entfremdung von einem emphatisch gedachten, aber nicht voll positiv ausgedrückten Menschentum. Elisabeth sieht das als Betroffene deutlicher als Leicester, dessen Forderung der Harmonie von Pflicht und Neigung nur tröstende, psychotherapeutische, nicht aber realgeschichtliche Funktion hat:

Leicht wurd es ihr [Maria] *zu leben, nimmer lud sie*
Das Joch sich auf, dem i c h mich unterwarf.
Hätt ich doch auch Ansprüche machen können
Des Lebens mich, der Erde Lust zu freun,
Doch ich zog strenge Königspflichten vor. (V. 1980 ff.)

So gilt nicht nur für den Umgang mit den Untertanen, sondern auch mit sich selbst:

Der Herrscher
Muss hart sein können, ... (V. 3160 f.)

Die Resignation der Elisabeth im vierten Aufzug wird so verständlich:

Ich bin des Lebens und des Herrschens müd. (V. 3145)

Objektiv gesehen ist diese subjektive Verzweiflung Ausdruck der gesellschaftlich bestimmten Verfassung des Herrschenden Er ist zur Härte, Brutalität gezwungen, um die *Ordnung* garantieren zu können; diese Härte kann er (wohl in der Wirklichkeit, nicht im Drama, dem es um Richtigkeit geht) nicht durchhalten.

Die absolutistische Allmacht ist mit Entmenschlichung erkauft, das ist ein Beweisinteresse, das der Marbacher in diesem Stück hat. Das zu zeigen, bestimmt ihn zu dem Stoff aus der englischen Geschichte. Nun ist es freilich ein bekanntes Missverständnis, von poetischen Texten zu meinen, diese formulierten, etwa gar defizient, was man begrifflich besser sagen könne. Was der Poet geben will, ist das ganze geschichtliche Leben in seiner Aspektvielfalt und letztendlich, beim vorhandenen Stand der Entwicklung von Praxis, Vieldeutigkeit. Die Anthropologie des Herrschers als deformiertem Menschen ist die eine Seite des Themas. Es ist die Wahrheit dessen, was Elisabeth zunächst in ihrem Selbstverständnis von sich hält: gerechte Herrscherin sein zu können. Das ist der falsche Schein, den sie selbst am Ende des Stückes durchschaut hat. Das ist ihre Entwicklung, die Desillusionierung der Meinung über sich selbst. Was sie glaubte sein zu können, ist sie wirklich nicht.

Insofern jedoch als dem Herrscher, in Theorie und Praxis des Absolutismus, der Untertan korreliert ist, ist dies nur die eine Seite des Problems. Die andere zeigt sich, wenn Maria für sich gesehen wird, in ihrem Selbstverständnis. Sie ist die Gefangene, als Usurpatorin Verurteilte, die auf die Hinrichtung wartet. Sie erhebt einen *Rechtsanspruch* (V. 592), fühlt sich nicht gerecht behandelt. Sie steht somit für den von der unmoralischen Macht Unterdrückten, der für sich Gerechtigkeit reklamiert. Das versichert ihr auch die treue Amme:

Was Ihr auch zu bereuen habt, in England
Seid Ihr nicht schuldig ...
Macht ists, die Euch hier unterdrückt (V. 373 ff.)

Das hatte sie schon dem Gefängniswärter gegenüber betont:

In England ist kein Richter über sie (V. 61)

Maria greift auf, dass sie nicht verurteilt werden kann, allerdings in einer den Sachverhalt sehr komplizierenden Weise:

Verordnet ist im englischen Gesetz,
Dass jeder Angeklagte durch Geschworene
Von seines Gleichen soll gerichtet werden.
Wer in der Committee ist meines Gleichen?
Nur Könige sind meine Peers. (V. 702 ff.)

Worauf sie sich hier kapriziert, ist ihre Rolle als Herrscherin: damit weicht sie von ihrem Selbstverständnis als (purer) Mensch ab und bestätigt die Einschätzung durch Elisabeth, dass sie aktuelle Konkurrentin um die Macht ist.

Mit dieser Argumentation begeht sie einen *Fehler*: sie fordert etwas für sich, was es nicht geben kann, konkret: Könige als Richter, geschichtlich: pardon in einem Kampf um die Herrschaft, der von seinem Prinzip her keine Gnade kennen kann. Gerechtigkeit ist, wenn sie selbst Anspruch auf Macht erhebt, nicht möglich. Maria bezieht sich hier auf anscheinend schriftlich fixierte Rechte, auf Tradition, die es noch nicht geben kann, weil sie allererst vom starken, friedenbringenden Herrscher gestiftet wird. Maria fordert hier Behandlung als öffentliche Person, als Funktionsträger, in ihrer Rolle als Königin. Das ist ihre eine Hamartia: denn auf diesem Felde gilt nur die blanke Macht. Das demonstriert die Handlung des Stückes ad oculos. Sie müsste sich aber als Privatperson aufführen, so tun, als habe sie mit Herrschaft nichts im Sinn. Die Möglichkeit hierzu bestände, sie ist vom Poeten klug in der Vorgeschichte angelegt: deren Rekapitulation zeigt die persönliche Schuld der Maria, dass sie den Mord am Gatten unterstützte, jedenfalls nicht verhinderte, dass sie den Mörder heiratete. Die Tröstungen der Amme prallen hier ab:

> *Die Jugend mildert Eure Schuld. Ihr wart*
> *So zarten Alters noch.*
> MARIA
> *So zart, und lud*
> *Die schwere Schuld auf mein so junges Leben. (V. 294 ff.)*

Um diese *private* Schuld der Maria geht es aber durchaus nicht bei ihrer Verurteilung. Vorwurf ist, dass sie Elisabeth stürzen will:

> *Erregte sie aus diesen Mauern nicht*
> *Den Böswicht Parry und den Babington*
> *Zu der verfluchten Tat des Königsmords? (V. 69 ff.)*

Dass sie einen Macht- und Herrschaftsanspruch anmeldet, ist das, was ihren Untergang hervorruft. Sie tritt als öffentliche Person auf, und hier gilt für Elisabeth

> *Gewalt nur ist die einzge Sicherheit,*
> *Kein Bündnis ist mit dem Gezücht der Schlangen. (V. 2361 f.)*

Sie kann auf die vermeintliche Herausforderung nur so reagieren. Die Schwierigkeiten des Verständnisses dieses Stückes entstehen einmal daraus, dass diese Thematik nicht erfasst wird: dass es um gesellschaftliche, hier für den Absolutismus in seiner Genese typische Probleme geht. Dieser Sinn muss mühsam aus der klassischen Stilisierung herausgefiltert werden. Wenn diese Thematik einmal erkannt ist, bleiben die Probleme insofern, als die Handelnden in ihrer doppelten Erscheinung erfasst werden müssen: sie fungieren auf der Bühne als Menschen mit menschlichen Bedürfnissen (wie Liebe), als Privatpersonen; dann aber als Funktionsträger in einer öffentlichen, politischen Rolle. Das Stück wäre nicht von Schiller, wenn es nicht diese Verbindung zeigte: von privaten, häuslichen, dem bürgerlichen Drama verpflichteten Motiven mit staatlichen, politischen der alten heroischen Tragödie verbundenen Momenten. Besonders in der Figur der Maria sind beide ineinander verknüpft. Maria weiß selbst nicht, was eigentlich sie ist oder klugerweise sein sollte: private oder öffentliche Person. Für Elisabeth ist das entschieden (zunächst); sie ist Funktionsträger. Das ist poetisch sehr klug gelöst, entspricht doch der objektiven Schwäche der katholischen Schottin ihre psychische Ungewissheit, das unsichere Schwanken.

Nun geht es dem Weimarer Klassiker freilich nicht allein um diese Poetisierung eines geschichtlichen Stadiums anhand zweier *Huren*. Der Untertitel lautet: ein Trauerspiel. Es geht, implizite, um die ästhetische Exemplifizierung tragischer Verhältnisse. Das weiß, wer die Briefe Schillers liest: *Ein paar tragische Hauptmotive haben sich mir gleich dargeboten und mir großen Glauben an diesen Stoff gegeben, der unstreitig sehr viele dankbare Seiten hat.* (an Goethe, 26.04.99] *Ich fange schon jetzt an, bei der Ausführung, mich von der eigentlich tragischen Qualität meines Stoffs immer mehr zu überzeugen.* (an Goethe 18.06.99). Wobei es dem Leser (auch Goethe) überlassen bleibt, zu ermitteln, was unter *tragisch* begriffen wird. Es lässt sich unterschiedlich verbalisieren, jedenfalls nur umständlich (und mit Hilfe der eigenen kognitiven Kraft des Lesers): tragisch ist zunächst, schlicht, der Konflikt der Protagonistinnen, der sich als unschlichtbar herausstellt. Dann, bei genauerem Hinsehen, dass dieser Konflikt sich als einer der Selbstverständnisse der Figuren erweist: Elisabeth weiß sich als gute Herrscherin, ebendas aber möchte Maria bewirken. Elisabeth vermutet die Usurpatorin, die Konkurrentin Maria möchte so nicht verstanden sein. Gezeigt wird damit vom Poeten die heillose Verstrickung, die Überwältigung der Subjekte gegen ihre bewussten Absichten; wirklich ist das Leid; die schöne Humanität bleibt Rhetorik.

(2)

Der erste Akt des Dramas ist so gesehen kaum zu überschätzen; nicht zuletzt von dieser komprimierten Thematik her dürfte bedingt sein, was Schiller an Goethe schreibt: *... dieser Akt hat mir deswegen viel Zeit gekostet und kostet mir noch 8 Tage, weil ich den poetischen Kampf mit dem historischen Stoff darin bestehen musste und Mühe brauchte, der Phantasie eine Freiheit über die Geschichte zu verschaffen, indem ich zugleich von allem, was diese brauchbares hat, Besitz zu nehmen suchte.* (an Goethe 19.07.99). Das Historische im Unterschied zum Poetischen ist das faktische Geschehen, so wie Schiller es aus seinen Quellen kannte.[154] Das Poetische ist das, was hier andeutend herausgearbeitet werden sollte: dass es auch außer dem einzelnen Fall aus der englischen Geschichte, der dafür noch nicht einmal historisch genau heranziehbar sein mag, um die Genese des Absolutismus geht: als eines Problems, das Schiller aktuell bewegen musste, war doch, durch die Französische Revolution, die Frage nach dessen Legitimation gestellt. Es geht weiter um Anthropologie, um das Bild des Menschen in den historischen Prozessen: wie steht es um den absoluten Herrscher? Was macht seine Deformation aus? Wie steht es um den, der diesem Machtnucleus ausgesetzt ist? Was ergibt sich für die Affektstruktur beider Betroffenen? Die Poesie nimmt sich das Recht, diese Fragen vor dem Forum humaner Vernunft zu verhandeln. Gegen die Geschichte, in der das bloß Faktische als Barbarisches real wurde, stellt sie ästhetische Nachforschungen nach dem ganz Anderen an.

Die ausstehende Nachzeichnung des Stückes muss das und anderes weiter explizieren. Betont der erste Aufzug in der Ausbreitung der Problemlage der Maria mehr die objektiven Verhältnisse, so liegt im zweiten Aufzug der Schwerpunkt primär auf der subjektiven Seite. Das ist, freilich nur beiher, eine gekonnte Verschrankung: die private Person erregt die staatliche Problematik, die öffentliche Person der Königin mehr die *bürgerlichen* Aspekte. Denn gezeigt wird, worauf oben schon hingewiesen wurde, das diplomatische Spiel um die geplante Vermählung der Elisabeth mit dem Bruder des französischen Königs. Gerade diese Thematik lässt sich zum Modell für Entmenschlichung stilisieren:

Die Könige sind nur Sklaven ihres Standes,
Dem eignen Herzen dürfen sie nicht folgen. (V. 1155 f.)

---

[154] Vgl. dazu NA 9, S. 340.

Elisabeth soll aus Staatsraison tun, was sie durchaus nicht will. Die Funktion verdrängt, was menschlich sein könnte. Schiller benutzt die Thematik, um einige Lieblingstheoreme zu platzieren. So, ganz ähnlich wie in der *Jungfrau von Orleans*[155], seine Vorstellungen von der Rolle der Frau:

Wohl weiß ich, dass man Gott nicht dient, wenn man
Die Ordnung der Natur verlässt. (V. 1172 F.)[156]

Er weist damit, was für das klassische Muster von Welterfahrung zentral ist, auf die Macht der Physis hin, die ihm als eine der Bedingungen sich gibt, unter denen Unaufhebbar menschliches Leben verläuft. Dieser Hinweis auf die natürliche Rolle der Frau: Mutter zu werden, wird verbunden, und Schiller kann solche Spitzen nicht lassen wenn sie auch, in diesem Fall, die Aufführung des Stückes im katholischen Süden des deutschsprachigen Raumes erschweren -, mit aufklärerisch-kritischen Bemerkungen:

Lob
Verdienen sie, die vor mir hier gewaltet,
Dass sie die Klöster aufgetan, und tausend
Schlachtopfer einer falschverstandnen Andacht
Den Pflichten der Natur zurückgegeben. (V. 1173 ff.)

Das ist nicht allein protestantisches Erbe, gegen die Klöster zu votieren, sondern Übernahme liberalistischer Positionen in der Auseinandersetzung mit positiver Religion.

Bei Gelegenheit der Religion und der geplanten Heirat des katholischen Franzosen mit der reformierten Engländerin kann Schiller ein weiteres Thema anspielen, das als zentrale Struktur durch das Stück zieht:

Die schwierigsten Artikel sind bereits
Berichtigt und von Frankreich zugestanden.
Monsieur begnügt sich, in verschlossener
Kapelle seinen Gottesdienst zu halten,
Und öffentlich die Reichsreligion
Zu ehren und zu schützen (V. 1102 ff.)

---

[155] Vgl. dort V.2205ff.

[156] Schiller ist mit seinen Vorstellungen über Frauen nicht zimperlich. Den Mortimer lässt er über Elisabeth sagen: Das e i n e Höchste, was das Leben schmückt,/Wenn sich ein Herz, entzückend und entzückt, / Dem Herzen schenkt in süßem Selbstvergessen, / Die Frauenkrone hast du nie besessen,/Nie hast du liebend einen Mann beglückt! (V.1652ff.).

Dass es hier besonders um eine für den Absolutismus typische Angelegenheit geht, die zu poetisieren Absicht des Poeten war, beweist die leitmotivische Durchflechtung des zweiten Aufzugs; Leicester kommt sich besonders klug vor, wenn er ausführt:

Wahr ists, ich habe selber meine Stimme
Zu ihrem Tod gegeben im G e r i c h t .
Im S t a a t s r a t sprech ich anders. Hier ist nicht
Die Rede von dem Recht, nur von dem Vorteil. (V. 1438 ff.)

Das Gericht mag öffentlich getagt haben, hier gilt es, den Schein des Rechts zu wahren. Im Staatsrat wird die wahre Politik arkan betrieben. Damit wird *der Täuschung schwere Kunst* (V. 1574) zum Prinzip des Handelns. Dass damit der Gegensatz von Schein und Sein bemüht ist, weiß Elisabeth:

Was man s c h e i n t,
Hat jedermann zum Richter, was man i s t, hat keinen. (V. 1601 f.)

Sie beklagt diesen Zustand, so wie Mortimer, der dessen Konsequenzen am Grafen Leicester, dem gewieften Kabinettsadligen, erkennt[157]

Ich seh Euch zweierlei Gesichter zeigen (V. 1703)

Er formuliert dann, was aufklärerisch-bürgerliche Maxime ist, Fahnenprogramm des 18. Jahrhunderts:

Weg mit Verstellung! Handelt öffentlich! (V. 1923)

Öffentliches Handeln ist das, was dem denkenden Subjekt der Epoche als primäre Forderung wichtig wird. Das schlägt hier, am stilisierten Fall aus der englischen Geschichte durch; das ist poetische Wahrheit gegen historische gesetzt.

Für Schiller ist dies zu zeigen zweifellos ästhetisches Beweisinteresse; es ist ein geschichtstheoretisches Moment. Der Marbacher wäre aber nicht erfasst, wenn man nicht sähe, dass dies nur ein zu Demonstrierendes ist, dasselbe, bis in den Wortlaut:

Weg mit der Verstellung! (V. 1679)

---

[157] Leicester versichert in II,8 Mortimer seiner Liebe zu Maria; gleich darauf in II,9 gesteht er Elisabeth Ich liebe Dich (V 1964). Das ist sowohl ein Beitrag zur Charakteristik des Grafen wie zum Thema Schein - Sein.

hatte Mortimer gerade vorher von seinem aufgeklärten Onkel Paulet gesagt bekommen. Nun gibt er es an Leicester weiter: was er selbst von andern fordert, darauf glaubt er, für sich verzichten zu können. Damit ist, als weiteres Beweisinteresse, die allseitige Heuchelei, Unaufrichtigkeit angeprangert.[158] Für den Poeten ist das ein anderer anthropologischer Aspekt, der dem Optimismus der Geschichtstheorie entgegenarbeitet. Auch er ist, im Stück und in diesem Akt, ausgebaut; Elisabeth jammert:

Was ist der Mensch! Was ist das Glück der Erde! (V. 1528)

Deutlich, dass hier Rudimente barocker Überzeugungen vorliegen; das ist das vanitas- und fortuna-Motiv des Barock, die menschliche Ohnmacht angesichts der übermächtigen Objekte,

Wehmut ergreift mich und die Seele blutet,
Dass Irdisches nicht fester steht, das Schicksal
Der Menschheit, das entsetzliche, ... (V. 1539 ff.)

Das macht die Dignität dieses Stückes wesentlich mit aus; dass neben der zentralen Thematik: die politischen Konstellationen des Absolutismus in ihren Auswirkungen auf den Menschen darzustellen, eine Fülle von unterschiedlichen, in sich und gegeneinander durchaus nicht verträglichen Theoremen mit zu gestalten.[159]

Auf einige solcher Theoreme soll noch hingewiesen werden; ins Auge fielen schon die aufklärerischen Thesen, hier z.B. von Paulet vertreten; seinem Neffen versichert er:

Am Hofe
Ward u n s e r s Hauses Ehre nicht gesammelt. (V. 1669 f.)

Er warnt ihn damit vor den Folgen des Auftrags der Königin, Maria zu beseitigen. Deutlich aber ist, für den Zeitgenossen, der Ohren hat zu hören, die Kritik am Hofe als der zentralen und allmächtigen Verwaltungsinstanz des 18.

---

[158] Etwas, was für moderne Sprechakttheoretiker eines der schlimmsten Dinge ist. Habermas fordert für die ideale Sprechsituation, dass die Sprecher weder sich noch andere über ihre Intention täuschen dürfen. Habermas/Luhmann, Theorie der Gesellschaft oder Sozialtechnologie, 1971, S. 138.
[159] Darauf wird auch besonders bei der Braut von Messina hinzuweisen sein.

Jahrhunderts.[160] Zu diesem Motivsyndrom gehört auch die nachdrückliche Versicherung der Selbständigkeit:

> *... und ich, Mylord, verlasse mich*
> *Auf mich und meine beiden offnen Augen. (V 1692 f.)*

Damit ist das Selbstdenker- und Prüfertum der rationalen Aufklärer zitiert (das nur vermittelt mit dem Selbsthelfertum der Stürmer und Dränger verbunden ist). Solche Momente sind aber beiherspielend, es sind, wenn solche Metaphorik gestattet ist, die bunten blühenden Blumen auf der sonst grünen Wiese. Und Wiese ist hier das Grundthema, was mit dem Menschen, speziell dem Fürsten, im Absolutismus geschieht. Es zieht durch, ist mit dem zweiten Auftritt, wo Staatsraison und Coeur aneinandergeraten, nicht beiseite gelegt. Elisabeth klagt:

> *Hat die Königin doch nichts*
> *Voraus mit dem gemeinen Bürgerweibe! (V. 1207 f.)*

Konkret meint sie: in ihrer Rolle als Frau. Sie relativiert damit aber implizite die absolute Funktion des Fürsten; auch er ist Mensch.[161] Das ist ihr von Melancholie bestimmtes Selbstverständnis. Ihre Berater, und hier sogar der verständige, aufgeklärte Talbot (der vom Typ her identisch ist mit dem Grafen Lerma im *Don Karlos*), sehen das anders Sie wollen ihr das Bewusstsein der offiziellen absolutistischen Doktrin einprägen:

> *Sag nicht, du müssest der Notwendigkeit*
> *Gehorchen und dem Dringen deines Volks.*
> *Sobald du willst, in jedem Augenblick*
> *Kannst du erproben, dass dein Wille frei ist. (V. 1330 ff.)*

Damit ist Elisabeth nicht als Mensch gemeint, sondern als absoluter Herrscher. Talbot ist hier einer der letzten Vertreter der absolutistischen Doktrin.[162]

---

[160] Auch hier ist Schiller nicht originär (als ob es darum ginge); die Kritik des Hofes als dekadent läßt sich ebenfalls schon bei Gryphius nachweisen.

[161] Auch hier ist wieder ein Vergleich mit Gryphius sinnvoll; im Leo Arminius sagt ein Rebell: Was ist ein Printz? [er meint, ein absoluter Fürst] ein Mensch! und ich so gut als er! (1,41) Thema ist die Kritik des Untertan am Herrscher.

[162] Die Beziehungen zu Gryphius sind in dieser Thematik nicht zu übersehen; vgl. z B. Großmütiger Rechtsgelehrter ..., 11,70 Der Fürst ist von dem Recht und allen Banden frey. Das versichert Laetus, ganz im Sinne absolutistischer Theorie. Wichtig wäre eine Untersuchung, die Legitimationsprobleme des Absolutismus vom Barock bis ans Ende des 18. Jahrhunderts untersuchte; denn diese Thesen bleiben nicht unwidersprochen. Das untertänige Subjekt findet sich damit nicht ab.

(3)

Das Problem des Verhältnisses von Mensch und Herrscher ist damit noch nicht abgetan. Der dritte Aufzug verhandelt es weiter, freilich im *Streit der Königinnen* nur beiher.[163] Zentral ist etwas anderes, was aber aus dem Ganzen herausgelöst werden muss. Es liegt nicht ohne weiteres am Tage. Schiller selbst dürfte darauf hingewiesen haben, ohne es konkret zu nennen, wenn er an Goethe schreibt, diese Frage des Gesprächs der Königinnen gehe *zugleich die Poesie überhaupt an* (30.09.99). Gezeigt wird hier nämlich und das ist eine Sache der Poesie nichtgelingende, scheiternde Kommunikation.[164] Das ist eines der obersten Themen schöner Literatur, das ihre Produzenten immer wieder bewegt. Was sind Bedingungen gelingenden Gespräches, wann scheitert es (und führt im Streit zu Leid)? Die Bemerkungen der Maria vor dem Gespräch lassen keinen guten Anfang erwarten. Die Beziehungsebene, die den Modus des der Redenden bestimmt, ist *vergiftet*:

In blutgen Haß gewendet wider sie
Ist mir [Maria] das Herz (V. 2184 f.)
Ich bin zu schwer verletzt.
Nie ist zwischen uns Versöhnung! (V. 2204 f.)

Was Ziel der Kommunikation sein müsste: Versöhnung der Feindinnen, ist hier ab initio angezweifelt. Abverlangt wird von Maria, was moderne Theorie asymmetrische Sprechsituation nennt[165]:

Sie ist die Mächtige demütigt Euch! (V. 2193)

Maria ist nach erstem Weigern dazu dann doch bereit:

Seis !
Ich will mich auch noch diesem unterwerfen. (V. 2244 f.)
Sie [Maria] fällt vor ihr [Elisabeth] nieder.[166]

---

[163] So G. Storz, Der Dichter Fr. Schiller, Stuttgart 1959, S. 338, in: Anlehnung an das Nibelungenlied.
[164] Darum geht es z.B. auch ganz wesentlich in Goethes Iphigenie wie und ob Gespräche gelingen, was Aufrichtigkeit darin bedeutet nur dass Goethe, untragisch, gelingende Interaktion zeigt.
[165] Vgl. R. Searle, Sprechakte, 1971; John L. Austin, Zur Theorie der Sprechakte, 1972 und den in A. 11) genannten Titel von Habermas.
[166] NA 9, S. 86; bei Schiller kursiv.

Schließlich ist auch ihre Gegnerin von ihren Beratern zu *Großmut* und *Mitleid* (V. 2238) angespornt worden. Wichtig ist hier aber die Form; Shrewsbury sagt zu Elisabeth:

> *Lass dich erbitten, königliche Frau, (V. 2239)*

Leicht wäre es für den Poeten gewesen, zu setzen:

> *Lass dich erbitten, edle Königin,*

Ob das Schiller bewusst pointiert hat, was durch die interpretative Substitution deutlich wird, ist nicht das Problem. In der substituierten Fassung wäre Elisabeth nur als Funktionsträger angesprochen, in ihrer Rolle als absoluter Herrscher. In der von Schiller gewählten Form ist aber neben dieser Funktion noch ihre humane als Mensch mitgetroffen. Verstärkt wird, was ebendieser Graf schon vorher gemeint hatte:

> *Nicht Strenge legte Gott ins weiche Herz*
> *Des Weibes - Und die Stifter dieses Reichs,*
> *Die auch dem Weib die Herrscherzügel gaben,*
> *Sie zeigten an, dass Strenge nicht die Tugend*
> *Der Könige soll sein in diesem Lande. (V. 1343 ff.)*

Das zeigt die Legitimationsprobleme des Absolutismus, der hier von seiner ursprünglichen, machiavellistischen Härte weit weg ist. Mit diesem Argument ist ein wichtiger Prozess angedeutet: die Könige werden als Menschen gezeigt; auch insofern sie hier in anscheinend kleinlichem Konflikt liegen, sich private Dinge vorwerfen:

> *Ja, es ist aus, Lady Maria. Ihr verführt*
> *Mir keinen mehr. (V. 2407 f.)*

Das Schauspiel in königlicher, heroischer Umwelt wird unter der Hand zum bürgerlichen Trauerspiel im Verstande der Zeit; die Helden werden in ihren *häuslichen* Problemen auf die Bühne gebracht.

Das ist auch der Kern des letzten Vorwurfs der Maria:

> *Der Thron von England ist durch einen Bastard*
> *Entweiht, der Briten edelherzig Volk*
> *Durch eine listige Gauklerin betrogen. (V. 2447 ff.)*

So wird die *Menschlichkeit* der Könige gezeigt, ihre von der Theorie behauptete außerordentliche Stellung also negiert, ihre Autorität untergraben, das Recht des Souveräns implizite bestritten. Das ist ein progressives Moment des Stückes, des Poeten Verarbeitung der Französischen Revolution. Die Dignität der Souveräne, die noch immer sich als von Gottes Gnaden ausgeben, ist durch den Blick in ihr Privatleben erschüttert. Wenn die Szene des Königinnen-*Gezänks an sich selbst moralisch unmöglich* ist (wie Schiller an Goethe in dem schon genannten Brief vom 3. Sept. 1799 bemerkt), dann auch aus diesem Grund: weil hier offiziell Geltendes für den, der Ohren hat, angezweifelt wird.

Denn es geht schon, weiterhin, um staatliche Probleme; Maria bekräftigt ihren *Rechtsanspruch*:

Ihr habt an mir gehandelt, wie nicht recht ist,
Denn ich bin eine Königin wie Ihr (V. 2295 f.)

Elisabeth hat nichts Eiligeres zu tun, als dieses Moment aufzugreifen und zum Vorwurf, der der Verurteilung Legitimität geben kann, umzumünzen: Euch meine Königstitel zuzueignen (V. 2337), sei Absicht der Maria. Das erhält sie von Elisabeth als Antwort, als sie nach ihrer *Schuld* fragt (V. 2321). Die Hamartia der Titelheldin besteht in dieser durch Geburt erlangten Eigenschaft: als Tochter eines Königs selbst Königin zu sein. Die Schuld ist daher, echt antiktragisch, außer der Verfügung der Betroffenen; es ist *alles eine Schickung* (V. 2307). Damit ist das politische Motiv im Konflikt genannt, das nicht ohne Schaden für die Semantik des Textes vergessen werden kann freilich in bestimmter, für Schillers klassische Dichtung typischer, tragisch-anthropologischer Weise. Elisabeth verbindet es historisch richtig mit dem Religiösen:

Die Kirche trennet aller Pflichten Band,
Den Treubruch heiligt sie, den Königsmord (V. 2354 f.)

Nur beiher ist hier (wie so oft bei Schiller) zu spüren, was G. Storz die heftige Ablehnung alles katholischen Wesens nennt, die für den Geist des Landes kennzeichnend (sei), in dem er (Schiller) seine Kindheit verlebte[167]. Substantiell ist, was zur Genese des Absolutismus zählt, ebenso wie zur Theorie seines Bestands. Der Herrscher, der in permanentem Legitimationszwang lebt, weil die

---

[167] Titel A.16) S 343f. Kritik katholischen Wesens erscheint allenthalben, z.T. implizite, so wenn Mortimer sagt, um die geplanten Verbrechen zur Befreiung Marias zu begründen: Ablass ist uns erteilt für alle Schulden, Die wir begingen, Ablass im Voraus Für alle, die wir noch begehen werden. (V. 2305ff.).

Vernunft in der Geschichte sich nicht stillstellen läßt, darf kein Herz (V. 2232) haben. So kann Maria zur Elisabeth sagen:

Wenn Ihr mich anschaut mit dem Eisesblick,
Schließt sich das Herz mir schaudernd zu (V. 2275 f.)

Unaufrichtig, und damit ein wesentliches Moment einer nicht deformierten Sprechsituation nicht erfüllend, ist daher, was Elisabeth antwortet:

Ich vergesse
Die Königin, die schwer beleidigte,
Die fromme Pflicht der Schwester zu erfüllen ...
Dem Trieb der Großmut [was Leicester gefordert hatte] folg ich (V. 2280 ff.)

Allerdings muss dies keine bewusste Unaufrichtigkeit oder Heuchelei sein, weil es Ausdruck ihrer objektiven Gespaltenheit in zwei Rollen ist.[168] *Königin*, öffentlich, staatliche Rolle und *Schwester*, private, menschliche Rolle widersprechen sich antagonistisch. Das lässt sich auch nicht mehr vermitteln durch eine christlich-barocke Weltauffassung:

Denkt an den Wechsel alles Menschlichen! (V. 2261)

mahnt Maria und

Eure Hand
Streckt aus ...
Mich zu erheben von dem tiefen Fall (V. 2254 ff.)

Elisabeth muss *die Unversöhnliche* (V. 2461) bleiben; im harten politischen Kampf erweist sich die Ethik der Gnade und Vergebung als Ideologie, als etwas, was mundan nicht möglich ist, sondern dem irdisch scheiternden Subjekt als letzter Trost versprochen wird. Die *Freiheit*, von der gleich fünfmal in kurzen Abständen zu Beginn des Aktes, das Thema andeutend, um das es Maria geht, gesprochen wird,[169] kann Elisabeth nicht bringen; es sei denn als *ewge* (V. 2133). Sie erlebt die Schwester als Usurpatorin, konstituiert sie somit in

---

[168] Dem französischen Gesandten gegenüber war Elisabeth auch aufrichtiger, bzw. realistischer, d.h. ihrer öffentlichen Rolle genauer folgend, als sie zum Gnadengesuch für Maria Stellung nahm: Frankreich erfüllt die Freundespflicht, mir wird / Verstattet sein, als Königin zu handeln. (V.1243f.).

[169] V.2075, 2106, 2131, 2133, 2149; zudem erscheint frei mindestens drei Mal (V.2089, 2092, 2103). Das Motiv greift als Forderung gegenüber Elisabeth Maria im Gespräch wieder (V. 2390, 2393) auf.

politischen Begriffen.[170] Sie kann sie nicht in privaten als Schutzsuchende verstehen.

Groß ist das Stück, dem die Interpreten teils hilflos gegenüberstehen, weil es scheiternden Dialog zeigt, damit überhaupt scheiternde menschliche Interaktion; und, weil es dieses Scheitern nicht im luftleeren Raum stattfinden lässt, sondern präzise motiviert: es ist die faktisch, von den Verhältnissen erzwungene Rolle, die das Subjekt zu spielen hat, die verhindert, dass es seine humanen Qualitäten, Wünsche, Hoffnungen verwirklicht.

(4)

Dramenökonomisch ist verständlich, dass die Hauptpersonen nach ihrer, deformierte zwischenmenschliche Beziehungen offenbarenden, Begegnung zurücktreten. Der vierte Aufzug ist das Rodeo der Nebenfiguren, die hier sich, so oder so, profilieren.

Vorbereitet wird das schon im dritten Aufzug, in der Auseinandersetzung Marias mit Mortimer. Dieser ist nicht mehr der ergebene Diener, als der er zunächst auftritt, der fanatisch nur von seinem Auftrag, Maria zu befreien, unter Hintansetzung seiner Person, bestimmt wäre. *Die Gestalt/Der Dinge hat sich indes verändert* (V 1768 f.). Er meldet eigene Wünsche an, vergisst, wozu er Absolution erhielt. Er ist in Liebe zur Maria entbrannt:

Ja glühend ... lieb ich dich! (V. 2554)
Du bist das schönste Weib auf dieser Erde! (V. 2478)

Auf einmal sieht er, dass *Der ein Rasender (ist), der nicht das Glück festhält in unauflöslicher Umarmung, Wenn es ein Gott in seine Hand gegeben* (V. 2543 ff.) Er dekuvriert die hohe Idee, für jemand anderes, für die Allgemeinheit zu arbeiten und fasst *Glück* als subjektive Befriedigung. Damit ist für Schiller die Wahrheit des irrationalen Fanatismus getroffen, er ist auf seine sinnliche Basis reduziert.

Im Hinblick auf Maria bietet dieser Wechsel im Verhalten des Mortimer eine Figur, die gegen die Quellen von Schiller frei erfunden wurde, insofern unter besonderem Poesieverdacht steht Gelegenheit, ein Doppeltes darzustellen.

---

[170] Maria übernimmt das, nachdem die Positionen endgültig verhärtet sind und der Dialog gescheitert: ich [gesperrt bei Schiller] bin Euer König. (V 2451).

Einmal ein echt tragisches Moment; Maria, die gerade die schwere Auseinandersetzung mit Elisabeth hinter sich hat, kommt in neue Kalamitäten. Sie hat sich eines ungewollten und stürmischen[171] Freiers zu erwehren. Das ist aber nicht das tragische Moment. Es liegt in anderem, was Maria selbst formuliert:

> *O muss ich Hülfe rufen gegen den Mann,*
> *Der mein Erretter   (V. 2581 f. zu ergänzen wäre: werden sollte).*

Dass ihr der potentielle Befreier zur Gefahr, zum Vernichter wird, der Retter zum Bedroher: das ist die tragische Struktur dieses Handlungsstückes.[172] Die Identität der Extreme, damit die nicht mögliche sinnvolle Wahrnehmung der Welt, die Verkehrung des Vertrauten ins Fremde, die so bedingte leidvolle Situation der Protagonistin sind tragische Parameter.

Ein anderes ist, dass etwas ausgemalt werden kann, was schon im ersten Aufzug und seither latent anklang: dass Maria als Helena figuriert.[173] Der alte Shrewsbury wird wortreich:

> *Ihr ward der Schönheit eitles Gut zuteil,*
> *Sie überstrahlte blühend alle Weiber,*
> *Und durch Gestalt nicht minder als Geburt (V. 1395 ff.)*

Elisabeth muss ihn zurechtrücken:

> *Kommt zu Euch selbst, Mylord von Shrewsbury!*
> *Denkt, dass wir hier im ernsten Rate sitzen.*
> *Das müssen Reize sondergleichen sein*
> *Die einen Greis in solches Feuer setzen. (V. 1397 ff.)*

Dabei ist es nicht allein die physische Ausstattung der Protagonistin, die diese Eigenschaften bewirkt hat, Erziehung, Umwelteinflüsse kommen hinzu; Maria ist:

---

[171] *Wenn ich dich, Heißgeliebte umfange MARIA zurücktretend Unsinniger, zurück-* NA 9, S. 97.

[172] Dazu vgl. die Ausführungen zum *Demetrius* und P. Szondi, Versuch über das Tragische, Frankfurt 1961.

[173] E. Staiger hat darauf hingewiesen, was nahe lag, klagt doch Paulet gleich zu Beginn des Stückes: *O Fluch dem Tag, da dieses Landes Küste /Gastfreundlich diese H e l e n a empfing* (V.84f., gesp. b. Sch.); vgl. Fr. Sch., Zürich 1967, S. 318. Dieses an sich richtige Moment einer Interpretation hat der Züricher aber unerträglich stark betont.

Am üppgen Hof der Mediceerin
Im jeder Freuden Fülle aufgewachsen. (V. 48 f.)[174]

Verständlich, wenn der jugendliche Mortimer klagend (und drohend) schwärmt:

Nichts blieb dir als die rührende Gestalt,
Der hohen Schönheit göttliche Gewalt (V. 2571 f.)

In der semantischen Ökonomie des Stückes hat diese Maria *Helena* Stuart zu demonstrieren, was *das Los des Schönen auf der Erde* ist.[175] Mitklingt die Trauer über das Schicksal der Sinnlichkeit. Dass das Leben ernst ist und für das Schöne kein Platz, ist die poetisch verifizierte These. Ex negativo ist damit gesagt, dass Hässlichkeit in der Wirklichkeit triumphiert.

Mortimer ist bei allem am ehesten als Posa-Travestie zu fassen. Wie dieser erringt er das Vertrauen des Gegners. Elisabeth beauftragt ihn in 11,5 mit der Beseitigung der Maria; was der von Philipp gewünschten Beschattung des Karlos durch Posa entspricht. Wie diesem geht es ihm nur um den Zweck, der jedes Mittel heiligt, deshalb kann er das Vertrauen leicht hintergehen. Was mit ihm geschieht, ist ähnlich unwahrscheinlich, verworren wie die Intrige, die Posa spinnt. Er ist hier Figur zur Ermöglichung von Handlung. An ihm arbeitet sich z.B. Leicester ab. Dass er menschlich-moralisch nichts ist, wird im Verhalten dem verblendet Besessenen gegenüber deutlich. Er streitet jede Verbindung ab:

Was unterfangt Ihr Euch
In Euren blutgen Frevel m i c h zu flechten? (V. 2767 f.)

Leicester verleugnet im Moment der Gefahr die Liebe zu Maria etwas, was er selbst als Schuld empfindet: *Er steht wie vernichtet.*[176] So ist er natürlich nicht als Bösewicht gezeichnet; das widerspräche der differenzierenden Erfahrung des Klassikers. Er ist auch, zwischen zwei Frauen stehend, keine Don-Juan-Figur, vielmehr sieht er für sich ein:

Der Liebe Glück liegt nicht auf d e i n e r B a h n (V. 3854)

Er ist der Schwankende, der das Leben nicht im Griff hat, jedenfalls, wie sich das auch für ein Trauerspiel gehört, der Scheiternde. An ihm kann etwas

---

[174] Zum Tragen kommt in der Konfrontation Maria - Elisabeth, hier beiher der Gegensatz asketisch-puritanischen und sinnlich-katholischen Verhaltens.
[175] Vgl. Wallenstein.
[176] NA 9, S. 154 (V,9); bei Schiller kursiv.

demonstriert werden, was das Weltbild der Tragödie mitprägt: das Nichtgelingen menschlicher Pläne. Leicester weiß das selbst, wenn er von seinem *unglückselige(n) Bemühn* (V. 2547) spricht. Indem er, auch vor Elisabeth, seine Verbindung zu Maria abstreitet bzw. lügnerisch auslegt, ist er, auf der Bühne, die Gerechtigkeit vertritt, verurteilt. Seine Flucht nach Frankreich ist dafür der poetische Ausdruck. Leicester ist so ganz Mensch: planend, verratend, aufgebend, scheiternd; zerstört von der Welt, die ihn nicht als Subjekt seiner Handlungen gelten lässt.

Widersacher Leicesters bei der Königin ist Burleigh, der im Spektrum der Figuren, die bestimmte Handlungstypen vertreten, der im Sinne der absolutistischen Doktrin gesehen realistische Berater ist. Er vertritt die frühe machiavellistische Phase des Absolutismus, ist für klare, harte, schnelle Entscheidungen. Er forciert die scheiternde Verheiratung der Elisabeth. Und er betreibt die Hinrichtung der Maria (entreißt dem Davison das unterschriebene Urteil).[177] Zu erwähnen ist er hier überhaupt nur, weil er in Shrewsbury einen Gegenspieler hat, der eine spätere, aufgeklärte Phase absolutistischer Politik vertritt. Dieser rät zu Besonnenheit, Mäßigung, will den Vollzug des Urteils hinausgeschoben sehen. Seine Begründungen gehen dabei weit über das, was seiner [Schillers] Zeit als Einsicht galt:

> *Nicht Stimmenmehrheit ist des Rechtes Probe,*
> *England ist nicht die Welt, dein Parlament*
> *Nicht der Verein der menschlichen Geschlechter.*
> *Dies heutge England ist das künftige nicht,*
> *Wies das vergangne nicht mehr ist (V. 1323 ff.)*

Das ist keine Verhöhnung demokratischer Prinzipien[178], sondern ein Hinweis auf die Konsensus-Theorie von Wahrheit[179], die darauf bestehen muss, dass allenfalls als wahr gelten kann, was von allen Betroffenen in freier Beratung und Entscheidung als Meinung sich bildete. Der *Verein der menschlichen*

---

[177] Ebd. S. 133 (IV,12).

[178] Vgl. die ähnliche These im Demetrius-Fragment, NA 11, S. 23.

[179] Vgl. J. Habermas, Wahrheitstheorien, in: Festschrift für W. Schulz, Pfullingen 1973, Dieser Auffassung zufolge darf ich dann und nur dann einem Gegenstand ein Prädikat zusprechen, wenn auch jeder andere, der in ein Gespräch eintreten könnte, demselben Gegenstand das gleiche Prädikat zusprechen würde .... Die Bedingung für die Wahrheit von Aussagen ist die potentielle Zustimmung aller anderen ... Wahrheit meint das Versprechen, einen vernünftigen Konsens zu erzielen. S. 219. Vgl. allerdings die Ansätze zu einer Kritik der Konsensustheorie, z. B. bei H. Fricke, Die Sprache der Literaturwissenschaft, München 1977, S. 214ff.

Geschlechter, der die Vergangenheit nicht vergessen hat und die Zukunft in seinen gegenwärtigen Handlungen beachtet sehen will, ist Antizipation heutiger pragmatischer Theorie[180]. Wie wichtig Schiller dieses Theorem der Beratschlagung aller war, zeigt, dass es später von Elisabeth aufgegriffen wird:

> *O meine Lords! Wer sagt mir, ob ich wirklich*
> *Die Stimme meines ganzen Volks, die Stimme*
> *Der Welt vernehme! (V. 3069 ff.)*

Verständlich ist, dass die Königin in einer Situation, in der die Berater sich widersprechen, nicht weiter weiß und dass der Affektstruktur dieser Hilflosigkeit die Melancholie entspricht. Elisabeth steht unter dem Sachzwang, sich als Herrscherin behaupten zu müssen; andrerseits sieht sie, dass die Zeit des wütenden Gottes vorbei ist und das optimistische Licht der Erlösung leuchtet.

> *So Steig ich gern von diesem Thron und kehre*
> *In Woodstocks stille Einsamkeit zurück, (V. 3155 f.)*
> *Der Herrscher*
> *Muss hart sein können, und mein Herz ist weich. (V. 3160 f.)*
> *Ich bin des Lebens und des Herrschens müd. V. 3145)*

Vom Geschäft des Regierens scheint sie zerstört; der Marbacher hat es nicht unterlassen, in diese aus dem Barock bekannte Typik des melancholischen Herrschers[181] Aktuellstes motivierend einzubauen:

> *O Sklaverei des Volksdiensts! Schmähliche*
> *Knechtschaft Wie bin ichs müde, diesem Götzen*
> *Zu schmeicheln, den mein Innerstes verachtet!*
> *Wann soll ich frei auf diesem Throne stehn!*
> *Die Meinung muss ich ehren, um das Lob*
> *Der Menge buhlen, einem Pöbel muss ichs*
> *Recht machen, dem der Gaukler nur gefällt.*
> *O der ist noch nicht König, der der Welt*
> *Gefallen muss! (V. 3190 ff.)*

Das ist nicht nur Englands konstitutionelle, parlamentarische Monarchie; das sind zweifellos nachrevolutionäre Reflexionen über die gewandelte Rolle des Fürsten in der Politik. Der Klassiker spielt diese konkreten Ansätze aber sogleich ins Allgemeine:

---

[180] Zum Tragen kommt in der Konfrontation Maria - Elisabeth, hier beiher, der Gegensatz asketisch-puritanischen und sinnlich-katholischen Verhaltens.
[181] Zu dieser Thematik vgl. z. B. W. Benjamin, Ursprung des deutschen Trauerspiels.

Die allgewaltige
Notwendigkeit, die auch das freie Wollen
Der Könige zwingt, (V. 3209 ff.)

Mit *Notwendigkeit* ist ein ontologischer Parameter zitiert, der zeitunabhängig gilt; Zeitgeschichte ist für den Weimarer nur der Stoff seiner auf Allgemeinstes in der Geschichte zielenden Beweisabsichten. Was Elisabeth als *allgewaltig* erscheint ein von der Bibel für Gott reserviertes Epitheton ist die faktische Gewordenheit und Beschaffenheit ihrer Situation. Sie ist als konstitutionelle, bzw. nachrevolutionäre Monarchin, die Monarchin, die ihre absolute Legitimation (durch moralische Kritik der Untertanen) verloren hat und im Kampf um die Erhaltung ihrer Stellung an den entstehenden Widerständen verzweifelt.

Der Klassiker meint, und das ist der Sinn seiner Transponierung des Einzelnen ins Allgemeine, dass, wie auch immer Gesellschaften aussehen mögen, *allgewaltige Notwendigkeit* mitbestimmt. Aus dem Hinweis auf die Gewordenheit die Änderbarkeit zu deduzieren, in eins mit der Überzeugung der faktischen Verbesserung das ist es, was vom Klassiker ironisiert wird. Schiller nimmt sich das Recht, zu vermuten, dass hier, mundan, mit Notwendigkeit vorderhand wird zu rechnen sein.

Im Geschehen um den *Staatssekretär Davison*[182] hat Schiller einen Aspekt dieser Weltsicht poetisiert. Er erhält von Elisabeth den unterschriebenen Hinrichtungsbefehl mit der Bemerkung, er müsse entscheiden, wann er vollzogen werden solle. Diese Szene (IV, 11) ist für das Bild des spätabsolutistischen Herrschers enorm aufschlussreich. Elisabeth gibt ihre Unentschlossenheit, die Ausdruck der nicht vereinbaren Rollen als König und Mensch ist, an den Untergebenen weiter:

Ich geh und überlass Euch Eurer Pflicht. (V. 3282)

Der Arme ist damit überfordert:

Ich Solls vollziehen lassen soll es n i c h t
Vollziehen lassen Gott! Weiß ich, was ich soll. (V. 3342 f.)

Auch hier ist es so, dass es Schiller nicht bloß um poetische Beiträge zur Poetologie des Absolutismus ginge. Das ist in der Tat ein tragendes Interesse. Aber das ist das einzelne; es geht um mehr. Dem Klassiker um die Problematik des Handelns überhaupt. Jede Handlung, als zunächst beabsichtigte, weiß nicht,

---

[182] Vgl. das Personenverzeichnis des Dramas.

ob sie das auch realisiert, was sie wollen soll. Das will er zeigen: dass das eine das ist, was das Subjekt glaubt, machen zu müssen, und das andere, was tatsächlich gegen die Absicht des Täters geschieht. Hinzu kommt, dass das Subjekt, das diese Schwierigkeit einmal erfahren hat, nachzudenken anfängt, über die maximale Konkretisierung reflektiert und dabei konkret ins Zögern, in die Widersprüche der Theorie gerät. Davison ist die Personifikation dieses Soll-ich-soll-ich-nicht-Prinzips.[183]

(5)

Das Stück benötigt einen Schluss, der, weil es ein Trauerspiel ist, im Tod der Protagonistin besteht. Maria wird, was zu Beginn des Stücks schon durch Gerichtsurteil beschlossen, hingerichtet. Für den Interpreten entstehen hier bedeutende Schwierigkeiten. Klar ist noch, was an barocken Ethik-Elementen auftaucht, was sich überhaupt durch die Aufklärung gehalten hat.[184] Maria soll als *standhaft* (V. 3377) gezeichnet werden, als Beispiel edler Fassung (V. 3378); sie geht, wenn man will, wie des Gryphius *Catharina von Georgien* in den Tod. Wenn die Interpreten hier vom *Barockheroismus* reden[185], ist das richtig. Barock ist auch der *fürchterliche ... Wechsel* (V. 340t): Maria hält das Hämmern für die Aktion der Befreier, um dann zu erfahren, dass das Gerüst für ihre Hinrichtung aufgeschlagen wird (V 3394 ff.). Das ist beiher ein tragisches Motiv: dass die Extreme auseinanderhervorgehen, die Erwartung in ihr Gegenteil umschlägt.[186] Barocke Sicht der Welt und tragische sind verbunden, auch in der toposhaften Negation des Weltlichen:

Betrüglich sind die Güter dieser Erden (V. 3578),

ist eine der letzten Einsichten Marias. Verständlich ist so, dass sie

der Erde Hoffnung
Zurück zu stoßen mit entschloßner Seele
Und glaubvoll den Himmel zu ergreifen (V. 3406 ff.)

---

[183] Die Parallelen zu Wallenstein sind deutlich.
[184] Man denke an den Herrn R. in Gellerts Roman Geschichte der Gräfin von G., der einen Roman mit dem Titel: Der standhafte Weise im Unglück, schreiben will.
[185] So B.v. Wiese, Schiller, Stuttgart 1959, S. 713
[186] Vgl. dazu z.B. die Demetrius-Analyse.

beschlossen hat. Die Opposition Erde vs. Himmel ist entschieden; die zum Tod Bestimmte muss, hält sie an Hoffnung fest, deren Realisationsort im Transmundanen lokalisieren. Sie sieht, dass ihr

*Kerker aufgeht, und die frohe Seele sich
Auf Engelsflügeln schwingt zur ewgen Freiheit. (V. 3483 f.)*

Damit sind Probleme entstanden, die ebenso am Ende der *Jungfrau von Orleans* auftreten. Zu fragen ist, wie die subjektive Emphase der Heldin zu verstehen ist. Zu einfach macht man es sich, wenn man darin Verlängerungen des *christlichen Märtyrerdramas* sieht und vom *Pathos einer das Irdische hinter sich lassenden Glaubenskraft* spricht.[187] Das kann immer nur das Selbstbewusstsein der Person treffen. Damit ist noch nicht gesagt, warum der Poet es gerade so artikuliert hat und was mit solchem religiösen Enthusiasmus in wissenschaftlicher Argumentation angefangen werden kann. Die Himmelfahrt Mariens im fünften Aufzug bleibt Utopie, Antizipation, Vorauseilen, von der harten Wirklichkeit erzwungene Flucht, uneingelöstes Versprechen. Die geistesgeschichtliche Forschung hat mit Recht die Bedeutung des Todes betont, in seiner Erfassung sieht v. Wiese *den Schlüssel zum richtigen Verständnis*; sein Wesen sei: *die freie Aufhebung der sinnlichen Welt durch den zum Unbedingten sich erhebenden menschlichen Geist.*[188] Nun wird man keinem Mitmenschen, der religiös denkt, verbieten wollen, unter diesem *Unbedingten* sich seinen Gott vorzustellen. Dem wissenschaftlich Argumentierenden muss erlaubt sein, diese Deutung des Todes als nur abstrakte zu begreifen, die allzu schnell Signale, die auf Bedingtes weisen, hinter sich lässt. Konsens dürfte sein, dass der Tod als Grenzsituation der absolute Herr ist, zustimmen kann man auch, dass vorderhand, beim gegebenen Stand menschlicher Interaktionen, nur er *die Kette des Geschicks bricht*[189]. Damit ist er aber nur als Limes konstituiert und seine Symbolik noch nicht erkannt. Sie besteht darin, dass Maria weniger in die himmlische Herrlichkeit gebracht, als zur klassischen Menschlichkeit geführt werden soll. Was zu belegen bleibt.

In der Beichte (V, 7) gesteht Maria als Sünde:

---

[187] So B.v. Wiese, Titel A. 38), S. 713.
[188] Titel A. 38), S. 719.
[189] Schiller, *Die Braut von Messina*. Bei v. Wiese heißt das, dass durch den Tod *die Macht des Tragischen in der Welt allein gebrochen werden* könne (Titel A. 38, S. 722).

Von neidschem Hasse war mein Herz erfüllt,
Und Rachgedanken tobten in dem Busen.
Vergebung hofft ich Sünderin von Gott,
Und konnte nicht der Gegnerin vergeben. (V. 3676 ff.)

Der Beichtvater Melvil fragt nach, ob sie also *versöhnt aus dieser Welt zu scheiden* (V. 3681) vorhabe. *So wahr ich hoffe, dass mir Gott vergebe* (V. 3682). Diese Momente: Vergebung, Verzeihung, Überwindung von Neid und Hass, Rache, positiv: Versöhnung, greift Maria noch einmal (in V,9) auf, wenn sie den Burleigh beauftragt:

Der Königin von England
Bringt meinen schwesterlichen Gruß. Sagt ihr,
Dass ich ihr meinen Tod von ganzem Herzen
Vergebe, meine Heftigkeit von gestern
Ihr reuevoll abbitte. Gott erhalte sie
Und schenk ihr eine glückliche Regierung! (V. 3782 ff.)

Das ist, was die geistesgeschichtlichen Interpreten im Tod sehen möchten: Vergöttlichung[190] aber in säkularer, mundanisierter Form. Vergöttlichung fände, wenn es gelänge, im menschlichen, authentischen Leben auf der Erde statt. Sie ist nicht erreicht im puren Abheben zu dem topos hyperuranios[191]. So mag schon die *Bestimmung des Menschen zur Göttlichkeit ... das einheitsstiftende Thema von Schillers Werk* sein.[192] Aber nicht in dem Sinn, den Kaiser hier dem Dichterwort unterlegt. Über *Göttlichkeit* jenseits des Todes macht der Poet keine Aussagen, hier übt er strenge epochē (Urteilsenthaltung). Der Tod gibt ihm die Möglichkeit, letzte Regulativa menschlich mundanen Lebens zu nennen: nur dem absoluten Herrn gegenüber und vor dessen Angesicht ist der Mensch bereit und fähig, allzu Menschliches zu vergessen und menschlich zu werden.

Mit dieser entmythologisierenden Deutung des Todes sind aber die Probleme dieses Aktes nicht gelöst. Ärgernis muss zunächst erregen, was auch den Herzog Karl August bewegte, über Goethe bei Schiller zu intervenieren: die überaus breite Gestaltung des katholischen Ritus bis hin zu Beichte, Absolution und

---

[190] Vgl. dazu die Arbeit von G. Kaiser, Vergötterung und Tod. Die thematische Einheit von Schillers Werk, Stuttgart, 1967. (46) NA 9, S. 147; bei Schiller kursiv. Von diesem Passus des fünften Aufzuges her, spez. also der Szene V,7 wäre aufzudröseln, was Ha. Schlaffer ausführt: Der Sieg Marias über die intrigante Monarchin meint den Sieg des moralischen Bürgertums über den absolutistischen

[191] Dem überhimmlischen Ort, dort existieren nach Platon die Ideen.

[192] Titel A. 47), S. 7.

Kommunion in beiderlei Gestalt. Maria formuliert Sätze, die, will der Interpret sie nicht überlesen (was am einfachsten ist), höchst schwierig sind:

Im Glauben meiner Kirche will ich sterben
Denn der allein ists, welcher selig macht. (V. 3594 f.)

Die Motivik einer borniertren Religiosität wird in den nächsten Versen weiter verfolgt, es ist also poetische Absicht, nicht bloß ein Versehen. Die Überbetonung katholischer Momente vom ursprünglich protestantischen Schiller geht bis zur *Hostie*, die Melvil *in einer goldenen Schale* bereit hält[193]:

Und diese Hostie überbring ich dir
Vom heilgen Vater, die er selbst geweihet. (V. 3653 f.)

Das kann Schiller nicht emphatisch gemeint haben. Wenn man einem sonst nicht unproblematischen Biographen glauben darf, dann ist doch eine *dogmenfreie Religiosität ... das Kennzeichen der Gedankenwelt des reifen Schiller.*[194] Auch für G. Storz ist klar, dass der Dichter die Szene nicht *ernst* gemeint haben konnte. Er bietet, ohne das freilich näher zu explizieren, als deskriptiven Begriff:

---

[193] NA 9, S. 147; bei Schiller kursiv. Von diesem Passus des fünften Aufzuges her, spez. also der Szene V,7 wäre aufzudröseln, was Ha. Schlaffer ausführt: Der Sieg Marias über die intrigante Monarchin meint den Sieg des moralischen Bürgertums über den absolutistischen Staat projekt deutschunterricht 7, Stuttgart 1974, S. 144). Solche Statements fallen unter den wissenschaftstheoretischen Begriff des Unfugs. Ich kann auf die Fülle von Missverständnissen – bei grundsätzlich gleichem Beweisinteresse: Literatur kritisch als Ausdruck von Geschichte zu lesen – nicht eingehen (nur ein weiterer Hinweis: Elisabeth ist nicht intrigant, das ist viel zu einfach gesehen). Was Schlaffer macht, ist (schlechtes) konstruktivistisches Vorgehen: weil dies im 18. Jahrhundert vorliegt (moralische Kritik des Bürgers am Staat, nach Koselleck), weil gute Literatur Geschichte realistisch abbildet, deshalb muss es auch in diesem Stück Schillers so sein. Formal ein wohl richtiger Syllogismus, inhaltlich eben: Unfug. Schlaffer bewegt sich im Genre der Autorenbeschimpfung, wenn sie von den entpolitisierenden Manipulationen Schillers (S. 145) spricht. Solche Segmente sind nur generierbar, solange man über klassische Stilisierung, symbolische Form, Literatur als Geschichte, Poesie und deren mögliches Verhältnis zur Praxis noch keine Einfälle hatte. Ungefüge (im mhd. Sinn; von daher der wissenschaftstheoretische Begriff des Unfugs) ist auch: Maria Stuart stellt den Bürger dar, der durch die freie Gewissensentscheidung den inneren Protest gegen den absolutistischen Staat anmeldet. (H. Schlaffer, projekt DU 7, 144). Das ist abstrakter Analogismus. Bei Maria gibt es keine freie Gewissensentscheidung. Schlaffer versucht, wie der Leser der Literatur weiß, eine Umwertung der Version, die in den Erläuterungen zur deutschen Literatur, Bd. Klassik, verbreitet wird; hier ist konträr zu Schlaffer Elisabeth bürgerlich: Die protestantische Königin vertrat als Repräsentantin des aufsteigenden Bürgertums den historischen Fortschritt und die nationalen Interessen Englands. Die progressive Rolle der Elisabeth von England stand für den Historiker außer Frage (S. 347).

[194] Ernst Müller, Der junge Schiller, Tübingen 1947, S. 24.

Ästhetisierung des Religiösen[195] an. Er sagt nicht, worin die Leistung dieser Ästhetisierung bestehen könnte, was damit überhaupt gemeint ist.

Bekanntlich hat auch Goethe an einer der zentralsten Stellen seines Werkes, im fünften Akt des *Faust*, auf christliche Mythologie zurückgegriffen; allerdings ist diese Verwendung mit der Schillers nicht strukturell identisch. Es sei denn in dem einen Moment: eine Möglichkeit zu schaffen, bestimmte Gedanken poetisch auszudrücken Bei Goethe ist das zweifellos die *Erlösung* Fausts (gegen seine Verdammung in der Stoffgeschichte), was immer das heißen mag. Bei Schiller muss die symbolische Funktionalisierung in anderem bestehen.[196] Die ausführliche Ausgestaltung mit Beichte und Kommunion wäre nicht nötig, wenn nur Hoffnung auf bzw. Gewissheit der Erlösung symbolisiert werden sollte. Eine deutende Reflexion hat wohl davon auszugehen, dass Maria als sehr beschränkt erscheint, indem sie an dieser starren dogmatischen und äußerlichen Religiosität festhält Der Kantianer Schiller musste den Unterschied von *Kirchenglaube* und *Vernunftglaube* kennen und die Weise der Bewertung beider, welche von den Aufklärern vorbereitet und die durch den Königsberger kanonisiert worden war.[197] Er konnte, als Kind seiner Zeit und in diesem Punkt einer avantgardistischen Kritik bornierter Religiosität gehorsames Kind, auch als Verehrer Lessings, diese Verhaftung im Katholizismus der Maria nicht positiv ausschlagen lassen. Vielmehr gehört der Dogmatismus zu ihrer Hamartia: ihr Schicksal ist auch die Folge ihres starren Selbstbewusstseins. Deutlich zeigt das ein scheiternder Vermittlungsvorschlag der Maria im Gespräch mit Elisabeth:

Hättet Ihr
Zu Eurer Erbin mich erklärt, wie mir
Gebührt (V. 2365 ff.)

---

[195] G. Storz, Titel A. 16), S. 344.

[196] Die Literatur zum Stück lässt hier weitgehend Lücken. Korff geht darauf nicht ein, auch nicht A. Beck (Schillers M.S., in: Forschung und Deutung, hrsg. von U. Fülleborn, Frankfurt 1966, S. 167-187, zuerst in: B.v.Wiese (Hrsg.), Das deutsche Drama I, Düsseldorf 21960.

[197] Vgl. Kant, Die Religion innerhalb der Grenzen der bloßen Vernunft, 1793, Wohlverstanden: Zentralintention einer Interpretation des Schillerschen Stückes kann nicht eine Kritik des katholischen Ritus sein. Diese Auseinandersetzung wäre auf anderem Felde zu führen. Allein auch schon, weil gilt: Will niemand ihr Gefühl und seine Kirche rauben (Faust zu Gretchen, Goethe Faust I, V.3420). Zu bewerten ist das vorliegende Textkorpus, zu dem in diesem Fall selbstverständlich auch die aus anderen Texten gewonnene Kenntnis von Schillers Haltung zu positiver Gläubigkeit gehört. Von diesen Kontextdaten her wird aber nur ein Befund bestätigt, der sich durch die immanente Struktur des Stückes selbst ergibt: Marias Abhängigkeit vom Ritus wird als etwas Borniertes dargestellt.

Elisabeth muss das ablehnen, weil für England dann wieder die Gefahr bestünde, katholisch zu werden. Maria ist daher, in bedeutenden Zügen, als reaktionärer Charakter beschrieben.[198] Sie ist negative Heldin, die erst im Angesicht des Todes fähig ist, menschlich im emphatischen Sinn zu handeln. Der rigide Katholizismus dient als Moment der Charakterisierung ihres beschränkten Bewusstseins. Die gesamte Konstellation des Schlusses bestätigt im übrigen die Relativierung des (subjektiven) Selbstverständnisses der Stuart: obwohl das Stück Maria Stuart heißt, endet es nicht, wie es sich gehörte, mit dem triumphierenden Tod der Heldin[199], sondern mit dem Auftritt der Antagonistin[200]: die freilich, was oben schon bemerkt wurde, als einsame, zerstörte zurückbleibt. Sie verbannt den Berater Burleigh, stellt ihren Sekretär Davison vor Gericht, Shrewsbury zieht sich zurück und Leicester lässt sich entschuldigen. Die durchgehende Zerstörung der Subjekte als Menschen darzustellen, ist ästhetisches Beweisinteresse. Durch die Form kommt aber ein weiteres hinzu: insofern als Elisabeth vereinsamt am Schluss steht: *Sie bezwingt sich und steht mit ruhiger Fassung da. Der Vorhang fällt.*[201], wird auf sie der Nachdruck gelegt. Der Zuschauer wird mit ihrem Bild entlassen; damit ist gegen Mariens Flug ins Transmundane, der auf der Bühne ein Fall ist[202], die Wirklichkeit der Geschichte erinnert. Marias Weg ist als Ausweg gekennzeichnet; die harte Arbeit des Alltags geht (für Elisabeth und den Zuschauer) weiter.

---

[198] Was in bestimmten Deutungen völlig übersehen wird. Die Forschung hat überhaupt seit jeher Maria als Siegende begriffen. Korff mag als Exponent dieses Topos stehen: Die zum Tode Verurteilte ist die moralische Siegerin. In Ketten und im Untergang triumphiert sie über die, die sie äußerlich besiegt und ohne Recht gemordet hat. Mit ihrem Tod vernichtet sie Elisabeth. Um Marias Haupt hat sich am Ende der Tragödie der Märtyrerschein gewoben. (Korff S. 257). Man muss dieser Deutung entgegenhalten, dass sie auf Biegen und Brechen - d.h. unter Inkaufnahme von Einseitigkeit - Maria zum erhabenen Charakter machen will. Die innere Überwindung des Todes, die sittliche Überwindung eines unabwendbaren Schicksals (Korff ebd.) sei der Grund des Sieges.
[199] Ihr seid zu Eurer Königin Triumph gekommen (V. 3496f.).
[200] Deshalb muss mit der wissenschaftstheoretischen Kategorie des Unfugs bezeichnet werden, was Bv.Wiese hier eingefallen ist: Der Fünfte Aufzug zeige himmlische Verklärung, am Ausgang des Stückes (stünden) Läuterung und Verklärung (Schiller, 1959, S 728). Solche Interpretationen übersehen schlicht die formale Struktur des Schlusses: präzise dies steht am Ende nicht. Kurz vor dem Ausgang des Stückes steht allenfalls Läuterung (der Maria); dazu ist aber unter Tod das Nötige gesagt.
[201] Letzte Regieanweisung des Stückes (NA 9, S. 164); bei Schiller kursiv.
[202] Ich seh sie fallen ... (V.3860).

(6)

Schillers Dramen werden als stilisierter, d.i. formierter, poetisch-ästhetischer Ausdruck von Geschichte begriffen. Die zentralen Momente, die Geschichte als das, was die Gattung durchmachte und was der Einzelne erlebt, bestimmen, sind im Text sedimentiert. Dabei lässt sich in erster Annäherung vermutet, dass die Entwicklung der Gattung tendenziell geschichtstheoretisch begriffen wird: als Versuch, mundan die Bedingungen der Möglichkeit von Glück zu realisieren. Das Schicksal des Einzelnen wird dagegen anthropologisch verstanden als solches, das in diesem Versuch scheitert. Die Opposition von Leid und Glück ist in dieser Weise in unterschiedlichen Dimensionen lokalisiert.

Maria Stuart als historisches Drama poetisiert eine Phase der Menschheitsgeschichte, die etwa durch folgende Momente sich auszeichnet:

- es gibt noch relevante religiöse Differenzen, die religiöse Bürgerkriegsituation ist noch nicht überwunden. Der starke König, der den inneren Frieden garantieren kann, steht erst am Schluss des Stückes auf der Bühne (in der beschriebenen menschlichen Deformation),
- es gibt also noch Kampf um die absolute Herrschaft, allgemeiner: Kampf um die richtige Einrichtung des Staates,
- das Stück zeigt, was mit den Subjekten dieses Kampfes geschieht. Konkret liefert es im Spektrum der Figuren ein Bild dessen, was der Absolutismus aus den Menschen macht. Das ist das spezifische, aktuelle Beweisinteresse des während der Arbeit von Jena in die Residenzstadt Weimar Umziehenden. Allgemein formuliert ist es die allseitige Entmenschlichung: das negative Bild dessen, was das klassische Programm als Ziel sich gesteckt hatte: allseitige Bildung und Entfaltung menschlicher Vermögen.

Schiller rekapituliert am Ende des Absolutismus dessen Anfang; das ist allein schon durch die Stoffwahl bedingt. Er rekonstruiert nicht affirmativ, so als wäre sein Drama eine Laudatio auf diese Regierungsform. Er bringt Absolutismus, indem er die Deformationen des Humanen zeigt, poetisch auf den kritischen Begriff.

Diese Lesart entspricht dem unmittelbaren Wortsinn, auch dem bewussten Selbstverständnis des Dichters. Sie ist die semantische Oberfläche des Textes.

Bei den Hauptfiguren wird dabei in der Historizität des Falles, kraft dessen symbolischer Struktur, über die Zeit Hinausgehendes demonstriert: bei Elisabeth z.B. die völlige Reduktion auf die pure Funktion.

Damit ist ein Vorgang beschrieben, der ganz ebenso noch heute stattfindet. Bei Maria wird falsche, weil abstrakte Entsagung gezeigt. Entsagung hat im klassischen Denksystem einen positiven Sinn[203]: es meint die gewollte Bestimmung für eine konkrete Aufgabe, die z.T. als gesellschaftliche nicht ohne individuelle Beschränkung möglich ist. Diese Beschränkungen werden im Blick auf die allgemeine Aufgabe akzeptiert. Bei Maria liegt solche bestimmte Entsagung aber nicht vor. Im teils selbst provozierten Tod lässt sie scheiternd die Welt unüberwunden hinter sich. Positiv wird Entsagung von den Klassikern aber als bestimmte und nicht abstrakte Weltüberwindung begriffen. Diese Kritik an Maria ist nur durch die ästhetische Reflexion durchführbar. Auf der Textoberfläche ist die Heldin bei allem, wie alle, durch die Ist- und Ist-Nicht-Struktur zu beschreiben: sie ist Usurpatorin und ist es ebenso nicht (in ihrer öffentlichen Rolle); sie ist Helena, *das Muster aller Frauen*[204] und ist es ebenso nicht (in ihrer privaten Rolle, die beide freilich ineinander verwoben sind). Sie ist, poetisch gesehen, tragisch verstricktes Weib, das nicht für alles, was geschieht, verantwortlich gemacht werden kann. Wenn sie ihren Tod als Buße für den Gattenmord versteht[205], dann ist das Aktualisierung von Weltgeschichte als Weltgericht, Werk der Nemesis, aber es ist schuldlose Schuld, in die sie durch Umstände hineingetrieben wurde.[206] Diese Strukturierung ist nötig, weil der Poet nicht verurteilen will. Die *Hölle soll ja nicht mehr sein*, wie es in dem frühen Hymnus heißt.[207]

Schiller selbst mag in seinen mündlichen und schriftlichen Äußerungen Maria als positive Heldin begriffen haben. Das ändert nichts daran, dass der Text gegen den Willen seines Autors semantische Qualitäten enthält, die eine Lektüre contra legem nahelegen. Die Protagonistin ist gerettet, aber nicht durch das, was sie wirklich ausgeführt hat: sondern durch das, was sie nur verbal noch artikulieren konnte.

Versöhnung als Metapher menschlichen Handelns wird von ihr nicht realisiert; sie bleibt Versprechen.

---

[203] Vgl. z.B. A. Henkel, Entsagung ..., Tübingen 1954.
[204] Mephisto in Faust, V.2601.
[205] NA 9, V.3735.
[206] Der Gattenmord, den sie nicht ausführte, nur nicht verhinderte, ist mit dem Helena-Motiv, der leidenschaftlichen Liebe, verbunden.
[207] An die Freude (1786), letzte, später gestrichene Strophe.

(7)

Gerade die Schwierigkeit einer begründeten Deutung des Dramenschlusses mit seiner Wendung ins Katholisch-Religiöse legt die Vermutung nahe, dass Aufschlüsse für das Verständnis zu gewinnen sind, wenn Schillers *Maria Stuart* im Horizont der Gattungsgeschichte gesehen wird.

In den Kontext gehört Chr.M. Wielands *Trauer-Spiel Lady Johanna Gray* von 1758, das sich nie von der vernichtenden Kritik Lessings erholte und deshalb relativ unbeachtet blieb. Anzunehmen ist, dass Schiller es kannte.

Auch Wieland poetisiert, z.T. wie Lessing nachwies in engster Anlehnung an den Engländer Nicolas Rowe, der als Begründer des englischen empfindsamen bürgerlichen Dramas gilt, einen Stoff aus der englischen Geschichte. Vorabsolutistische Vorgänge sind Gegenstand; es gibt religiöse Differenzen (zwischen Reformierten und Katholiken), *bürgerliche Zwietracht*[208] bzw. Thronfolgekämpfe: die streng Kalvinistische Johanna Gray, Tochter des Herzogs von Suffolk, wird vom Staatsrat zur Königin proklamiert, aber von der katholischen Maria, einer Tochter Heinrichs Vlll., gestürzt und hingerichtet (1554). Maria wird als Mary I. (bis 1558) Königin.[209] Das ist schon die ganze Handlung des Wielandschen Stückes, dem man auch mit Lessing mangelnde Dramatik vorwarf. Um Handlung ging es dem subtilen und ironischen Aufklärer auch nicht. Die Potenz seines Stückes liegt in anderen Dimensionen. Sie soll hier einmal schlicht aufgelistet werden:

- da ist Aufklärerisches im engeren Sinn; *Fahnenworte des Jahrhunderts* (U. Wertheim) erscheinen in nicht übersehbarer Häufung: Freiheit, Menschlichkeit, Menschenliebe, Glück, das *allgemeine Wohl der Menschen*, usw. Da gibt es Fürstenerziehung von bürgerlicher Position aus:

Die große Pflicht der Fürsten sei:
Nur im gemeinen Wohl ihr Glück zu suchen.[210]

Ziel der Johanna ist in ihrem Selbstverständnis:

Brittannien befreit, beglückt zu sehn[211]

---

[208] Chr.M.Wieland, Werke, hrsg. v. Fr. Martini u. H.W. Seiffert, Bd. 3 bearb. v. Fr. Martini u. R. Döhl, München 1967, S. 37.
[209] Genaueres zur Geschichte ebd. S. 803.
[210] Ebd. S. 25.

Da gibt es, anscheinend ungebrochenen Optimismus

Kein blinder Zufall stört den Plan der Weisheit
Die alles lenkt, die Harmonie der Dinge[212]

- Dieses Aufklärerische ist vermischt (wenn man das so formulieren kann) mit Empfindsamkeit: Tränen, Liebe; Hütte wird gegen Hof gesetzt[213], Natur wird gegen Höfisches ausgespielt.[214] Auch die anfängliche Weigerung Johannas, die Königskrone anzunehmen, gehört hierher. Politik ist Kennzeichen empfindsamer Seelen.

Nicht unverträglich mit diesen Emotionen sind aus dem Barock herübergerettete stoisch-heroische Haltungen: schon im Vorbericht versichert der Autor, er *wolle die moralische Größe (s)einer Heldin zeigen*[215], das *Große, Schöne und Heroische der Tugend*[216]. Allerdings, Johanna hat nicht den

Mut, der jene Helden trieb,
Die unerschreckt durch dräuende Tyrannen
Für Freiheit, für den Staat ihr Blut, ihr Leben wagten.[217]

Das Politische, verstanden als Versuch bewusster Selbstbestimmung der Geschichte, hat sie aus sich entlassen. Sie ist als Empfindsame heroisch im Erdulden; Johanna setzt gegen den Optimismus ihres Gatten, der den *Plan der Weisheit* lobte, das Bewusstsein der Tragik:

Geheimnisvolles Schicksal
Wie sprichst du mit den Menschen![218]

Gewiss ist ihr der *Untergang der reizendsten Entwürfe*[219]. Platonisch weiß sie vom Neontischen Charakter dieser Welt:

Das was wir hier in dieser Schattenwelt
Das Leben nennen, ist kein wahres Leben![220]

---

[211] Ebd. S. 35.
[212] Ebd. S. 38.
[213] Ebd. S. 53.
[214] Ebd.
[215] Ebd. S. 8.
[216] Ebd.
[217] Ebd. S. 24.
[218] Ebd. S. 34.
[219] Ebd. S. 51.

Verständlich, dass der Topos vom Traum auftaucht, ein *düstrer Traum* .

Vervollständigt wird dieses Theorem-Syndrom durch die anthropologisierende Sicht: den Liebenden (Johanna und Guilford), die sich gern in eine Hütte aus der Welt zurückzögen, gelten die Menschen als *Gezücht von Schlangen*, als *schmeichlerische Brut*, als Verräter, als *Heuchler*. Und dies mit dem Bewusstsein der unveränderten Konstanz. Die Gattin fragt rhetorisch den über diese Eigenschaften des Menschen lamentierenden Gatten:

Und kannst du, Guilford
Mir einen Zeitlauf nennen, da die Menschen
Nicht so geartet waren?[221]

Der Mensch ist Tier und kann mundan darüber nicht hinaus. Einem Bewusstsein, dem die Welt so erscheint, muss der Tod eine bestimmte Bedeutung gewinnen. Zunächst gilt er Johanna als das Schreckliche:

Dem Tode selbst, ins grauenvolle Antlitz
Mit unbewegtem Blick zu schauen,
Dies, Guilford, ist, was wir itzt lernen müssen.[222]

Ihre Einstellung zum Tod entwickelt sich jedoch; sie erkennt, besser wohl: vermutet, bald:

Das Leben
Wornach ich dürste, kann der Tod mir nur gewähren.[223]

Damit hat sie auf bestimmte Bewältigung von Welt verzichtet. Christlich-barock negiert sie abstrakt, lässt sich auf eine Auseinandersetzung mit ihr, weil sie ja doch scheitern würde, gar nicht ein. So erscheint stringent, dass

der Tod! Der Führer
In eine beßre Welt![224]

wird.

Der Tod ist
ein Übergang ins Leben[225]

---

[220] Ebd. S. 70.
[221] Ebd. S. 47.
[222] Ebd. S. 51.
[223] Ebd. S. 57.
[224] Ebd. S. 59.

Die Heldin weiß sich *in jener bessern Welt*[226] besser als hier aufgehoben. Protestantisch-rigoros gelten ihr jene, die hier weitermachen wollen, als

> *tief im Schlamme*
> *Der Sinnlichkeit versunken.*[227]

Besonders im letzten Aufzug, als sie auf ihre Hinrichtung wartet, steigert sie sich in ein Pathos, das Schiller für seine Maria übernehmen konnte:

> *O, meine Feinde*
> *Ihr macht mich glücklich!*
> *Ihr brecht ja nur den Kerker ab, worin*
> *Mein königlicher Geist vielleicht noch lange*
> *Nach seiner angebornen Freiheit*
> *Geschmachtet hätt!*[228]

Ohne weiteres deutlich ist, dass darin platonische Denktradition steckt: der Körper (gr. soma) als Grab (gr. sema) der Seele. Nicht ohne weiteres deutlich ist, wieso Wieland seine geschichtliche Erfahrung noch immer in dieser Bildlichkeit ausdrücken kann.

> *Auf! triumphiere, meine Seele! Schau!*
> *Der Himmel tut sich auf! O welch ein Licht!*
> *Welche Harmonie   . . .*
> *Entzückt mein Ohr?   . . .*
> *Ich sah, ich hörte schon, was in der Menschen Sprache*
> *Unnennbar ist*[229]*!*

Johanna Gray weiß: *O! Glaube der Unsterblichkeit,;* schon Platon versucht, ihn argumentativ in Wissen zu überführen *Was wär ich ohne dich!*[230]

Mit diesen kommentierenden Erläuterungen ist nur der Sachverhalt des Wielandschen Stückes referiert; die Übereinstimmungen zu Schiller bis in den Wortlaut der *Maria Stuart* und der *Jungfrau von Orleans* sind aufgewiesen. Was ansteht, wäre zumindest der Versuch einer kritischen Beurteilung, wenn man will mit W. Benjamin einer Ermittlung des Wahrheitsgehalts

---

[225] Ebd. S. 61.
[226] Ebd. S. 65.
[227] Ebd. S. 61.
[228] Ebd. S. 68.
[229] Ebd. S. 73.
[230] Ebd.

Eine ideologiekritische Interpretation, die versuchen wollte, mit Marx, *durch Analyse den irdischen Kern der religiösen Nebelbildungen zu finden* und zwar indem sie *aus den jedesmaligen wirklichen Lebensverhältnissen ihre verhimmelten Formen* (entwickelt)[231], hätte es hier enorm schwierig. Denn gar nicht übersehbar ist die tiefe Identität zwischen Platon, damit der abendländischen Denktradition in ihrer stärksten Fraktion, auch der Stoa, Wieland und Schiller. Was Marx als geschichtliches Moment reklamieren muss, ist nur als immer gleiches vorgeschichtliches denkbar. Die Historizität geht nicht so weit, wie sie nach dem Wunsch der Theorie gehen müsste. Unsterblichkeitsglaube als *religiöse Nebelbildung* entsteht in der Sklavenhaltergesellschaft Attilas und Roms ebenso wie im späten Feudalismus.

---

[231] Marx/Engels-Werke Bd. 23, S. 393.

Anhang

Verzeichnis der Abkürzungen

Übliche Abkürzungen (Bd., Hrsg., Jb., ebd., vgl., etc.) werden hier nicht aufgeführt.

Auch die wissenschaftsüblichen Siglen (GRM, DVjS) gelten als bekannt.

JDSG = Jahrbuch der Deutschen Schillergesellschaft

RUB = Reclams Universalbibliothek

Ausgaben, Siglenverzeichnis, Materialien, Dokumente, Forschungsliteratur, Bibliographischer Hinweis

Ausgaben

Bellermann = Schillers Werke, kritisch durchgesehene und erläuterte Ausgabe, hrsg.v. Ludwig Bellermann, 14 Bde. Leipzig und Wien o.J. HS = Friedrich Schiller, Sämtliche Werke, 5 Bde. hrsg. v. G.

Fricke, H.G. Göpfert, H. Stubenrauch, München 6. Aufl. 1980, Bd. 2, 5. Aufl. 1974

Jonas = Schillers Briefe, hrsg. und mit Anmerkungen versehen v. Fritz Jonas, 7 Bde. 1892 ff.

NA = Schillers Werke. Nationalausgabe, hrsg. v. J. Petersen u. G. Fricke, Weimar 1943, später hrsg. v. L. Blumenthal, B. v. Wiese, seit 1981 hrsg. v. N. Oellers, S. Seidel,

SA = Goethes Werke, hrsg. im Auftrage der Großherzogin Sophie von Sachsen, Weimar 1887 ff.

Materialien, Dokumente, Forschungsliteratur

Braun = Schiller und Goethe im Urtheile ihrer Zeitgenossen. Zeitungskritiken, Berichte u. Notizen, Schiller u. Goethe u. deren Werke betreffend, hrsg. v. J.W. Braun. I, 1 u. 2: Schiller. Leipzig 1882.

Farnbach = O. Fambach: Schiller und sein Kreis in der Kritik ihrer Zeit. Die wesentlichen Rezensionen aus der period. Literatur bis zu Schillers Tod, begleitet von Schillers u. seiner Freunde Äußerungen zu deren Gehalt. In Einzeldarstellungen mit e. Vorw. u. Anhang: Bibliographie der Schiller-Kritik bis zu Schillers Tod. Berlin 1957 (= Ein Jahrhundert deutscher Literaturkritik. Bd 2).

Hinderer = Schillers Dramen. Neue Interpretationen hrsg. von W. Hinderer, Stuttgart 1979

Korff = Herrmann August Korff, Geist der Goethezeit. Versuch einer ideellen Entwicklung der klassisch-romantischen Literaturgeschichte, 5 Bde 1923-1957 u.ö.

Lecke = Bodo Lecke (Hrsg.), Fr. Schiller, Bd. 1 Von den Anfängen bis 1795; Bd. 2 Von 1795 - 1805, München 1969 f. (= Dichter über ihre Dichtungen)

Petersen/Hecker = Schillers Persönlichkeit. Urtheile der Zeitgenossen u. Documente ges. v Max Hecker u. (ab Bd 2) J. Petersen. 3 Bde. Weimar 1904/09

Oellers = Schiller. Zeitgenosse aller Epochen. Dokumente zur Wirkungsgeschichte Schillers in Deutschland. Hrsg., eingel. und kom. v. N. Oellers. Bd. 1: Frankfurt 1970 (= Wirkung der Literatur 2). Bd 2: München 1976

Wittkowski = Wolfg Wittkowski (Hrsg), Fr. Schiller. Kunst, Humanität und Politik in der späten Aufklärung. Ein Symposion, Tübingen 1982

Bibliographischer Hinweis

Die in den Anmerkungen zitierte Literatur wird nicht noch einmal angeführt. Im Blick auf den guten Zustand der Schiller-Bibliographien, zugleich auf ihre relativ leichte Zugänglichkeit wird hier auf eine größere systematische Auflistung verzichtet.

Hingewiesen sei einzig auf:

Helmut Koopmann, Schiller I, Il, Stuttgart, 2. Aufi 1977 (= Sammlung Metzler 50/51), auf die Jahrbücher der Schiller-Gesellschaft mit den Literaturberichten und der Schiller-Bibliographie.

Koopmann, Schiller-Forschung 1970-1980 Ein Bericht, Marbach 1982 (= Deutsches Literaturarchiv. Verzeichnisse. Berichte)

Koopmann, Helmut* [Hrsg.] Schiller-Handbuch. In Zusammenarbeit mit der Deutschen Schillergesellschaft Marbach, 2., durchges. und aktualisierte Aufl. Stuttgart: Kröner 2011

Fritz Hubertus Vaziri: Die Tragödienkonzeption des Aristoteles – Eine Untersuchung anhand von Schillers *Maria Stuart*

Einleitung

Im ersten Teil der vorliegenden Arbeit schildere ich die Kerngedanken, die das Ergebnis von Aristoteles' Nachdenken über die Tragödie sind. Dabei gehe ich von dem im sechsten Kapitel der *Poetik* aufgestellten Tragödiensatz aus und erläutere im Weiteren die einzelnen Bestandteile dieser Definition, wobei ich von Aristoteles selbst verwendete Erklärungen mit Ansichten aus der neueren Forschung in Zusammenhang setze, beschränke mich jedoch angesichts des begrenzten Rahmens auf Grundsätzliches.

Anschließend betrachte ich Friedrich Schillers Drama *Maria Stuart* und untersuche anhand der im ersten Teil der Arbeit gewonnenen Erkenntnisse, inwiefern Schillers Drama *Maria Stuart* Elemente der Aristotelischen Tragödienkonzeption enthält oder auch nicht, wobei ich bei den Betrachtungen dieses zweiten Hauptteils Schwerpunkte setze, die denen des ersten Hauptteils entsprechen; die Zusammensetzung der Handlung, um eine tragische Wirkung zu erzielen wird also im Vordergrund des Interesses stehen. Untersuchungen sprachlich-rhythmischer Besonderheiten werden wie im Falle der *Poetik* kaum eine Rolle spielen, höchstens dort, wo sie dem höheren Ziel dienlich sind. In einem abschließenden Kapitel versuche ich, zu einem Schluss hinsichtlich Schillers Verhältnis zum Tragödienverständnis des Aristoteles zu gelangen und was davon an der *Maria Stuart* sichtbar wird.

Die Tragödienkonzeption des Aristoteles

Im 4. Jahrhundert v.Chr. verfasste Aristoteles seine Vorstellungen darüber, wie Dichtung idealiter gestaltet sein müsse, um als gute Dichtung zu gelten. Er löst sich dabei von den Ansichten seines Lehrers Platon, der Dichtung für grundsätzlich sinnlos und unmoralisch hielt.[232] Ausschnitte der Betrachtungen des Aristoteles zur Dichtung sind in der *Poetik* enthalten, die von ihm selbst möglicherweise gar nicht zur Veröffentlichung vorgesehen war und an einigen

---

[232] Vgl. Fuhrmann, Manfred (Hg.) (1994): Aristoteles: Poetik. Stuttgart. Hier: 157f. sowie Schadewaldt, Wolfgang (1960): Furcht und Mitleid? Zur Deutung des Aristotelischen Tragödiensatzes. In: Thurow, Reinhard/Zinn, Ernst (Hg.): Hellas und Hesperien. Gesammelte Schriften zur Antike und zur neueren Literatur in zwei Bänden. Band 1. Zürich/Stuttgart. Hier: 379f.. Weiterhin Luserke Matthias (Hg.) (1991): Die Aristotelische Katharsis. Dokumente ihrer Deutung im 19. und 20. Jh. Hildesheim/Zürich/New York. Hier: 31f.

Stellen dementsprechend bruchstückhaft und unzusammenhängend wirkt.[233] Seine Ansichten zur Komödie, auf die er zu Beginn der *Poetik* hinweist, sind gänzlich verloren. Erhalten sind dagegen Einblicke in die Gedankenwelt des Aristoteles hinsichtlich der Tragödie, die einen großen Teil der *Poetik* ausmachen und in der Übersetzung von Manfred Fuhrmann den Ausgangspunkt der folgenden Darstellung bilden.

„Die Tragödie ist Nachahmung einer guten und in sich geschlossenen Handlung von bestimmter Größe, in anziehend geformter Sprache, wobei diese formenden Mittel in den einzelnen Abschnitten je verschieden angewendet werden – Nachahmung von Handelnden und nicht durch Bericht, die Jammer und Schaudern hervorruft und hierdurch eine Reinigung von derartigen Erregungszuständen bewirkt".

Auf diese Formel bringt Aristoteles seine Kerngedanken über die Tragödie im sechsten Kapitel der *Poetik*, deren hier aufgeführte Bestandteile jedoch einiger Erläuterungen bedürfen.

Die Nachahmung

Bereits zu Beginn der *Poetik* bezeichnet Aristoteles in einem allgemeinen Teil die „tragische Dichtung" neben anderen Künsten als „Nachahmung" (Mimesis).[234] Er ist der Ansicht, dass die Fähigkeit zur und die Freude an Nachahmung dem Menschen angeboren sei und vermutlich den naturgegebenen Ursprung der Dichtkunst bilde.[235] Aristoteles unterscheidet drei Kategorien der Nachahmung, die er zwar auch auf andere Formen der Dichtung bezieht, aber ebenso der Tragödie zuordnet:

1. Die verschiedenen Mittel, mit denen die Künste nachahmen
2. Die verschiedenen Gegenstände, die nachgeahmt werden
3. Die unterschiedlichen Weisen, auf die nachgeahmt wird.

Als Mittel der Nachahmung nennt er Rhythmus, Sprache/Vers und Melodie. Gegenstand der Nachahmung seien handelnde Menschen, wobei die Tragödie bessere Menschen nachahme, als sie in der Wirklichkeit vorkämen. Bezüglich der Art und Weise, in der nachgeahmt wird, trennt Aristoteles Bericht von unmittelbarer Darstellung der Figurenhandlung, wobei sich aus dieser sich die

---

[233] Vgl. dazu Fuhrmann 1994: 144f. sowie LUSERKE MATTHIAS (Hg.) (1991): Die Aristotelische Katharsis. Dokumente ihrer Deutung im 19. und 20. Jh. Hildesheim/Zürich/New York. Hier: 407.
[234] Zum Begriff der „Nachahmung" vgl. LUSERKE 1991: 5f.
[235] Vgl. FUHRMANN 1994: 11.

Bezeichnung „Drama" ableiten lasse (*drōntes* = sich Betätigende, von *drān* = handeln).[236] Auf diese Weise gelangt er zu den sechs qualitativen Teilen[237] einer jeden Tragödie, die in obiger Definition zusammengefasst sind und deren Bedeutung für die tragische Handlung er in folgender Reihenfolge nennt: Mythos, Charaktere, Erkenntnisfähigkeit, Sprache, Melodik, Inszenierung.

Dem Mythos kommt nach Aristoteles die größte Bedeutung zu, Charaktere und Erkenntnisfähigkeit können als dessen Bestandteile gesehen werden. Melodik und Inszenierung werden in der *Poetik* kaum weiter erwähnt. Letztere sei gar der Tätigkeit des Kostümbildners näher als der des Dichters heißt es im sechsten Kapitel. Hinsichtlich der sprachlichen Ausarbeitung der Gedankenführung wird auf „Schriften zur Rhetorik" verwiesen.[238]

Doch bevor auf den *Mythos* als „Nachahmung von Handlung" näher eingegangen wird, soll ein Blick auf die Wirkung geworfen werden, die nach Aristoteles von der richtig zusammengefügten Tragödie ausgeht: „Jammer" und „Schaudern", die eine „Reinigung" von ebensolchen „Erregungszuständen" bewirken sollen.

Eleos und Phobos

Dieses Begriffspaar taucht als solches an mehreren Stellen der *Poetik* auf und bildet einen Kern in der Tragödienkonzeption des Aristoteles. Wenn er von der eigentümlichen Wirkung der Tragödie und im selben Zusammenhang gar von Vergnügen spricht, dann spielt er auf Affekte an, die durch eben diese Ausdrücke bezeichnet werden und auf die Vorstellung einer reinigenden Wirkung, welche als deren Konsequenz erzeugt werde.[239]

Eine exakte Übertragung des Grundsinns ins Deutsche hat zu Auseinandersetzungen geführt,[240] die u.a. mit der Frage zusammenzuhängen scheinen, ob hier von Aristoteles eine moraldidaktische Wirkung gemeint ist. Lessing, beispielsweise, übersetzt Eleos und Phobos in seiner Hamburgischen Dramaturgie als „Mitleid" und „Furcht". Nach SCHADEWALDTs Ansicht erhält der Eleos der *Poetik* in der von Lessing übersetzten und gebrauchten Weise eine ethisch-moralische Konnotation, die sich einer bestimmten Vorstellung christlicher Nächstenliebe nähere und impliziere, dass die tragischen Ereignisse

---

[236] Vgl. ebd.: 7.
[237] Vgl. ebd.: 109 Anm.5.
[238] Vgl. Fuhrmann 1994: 61.
[239] Vgl. ebd.: 43.
[240] Vgl. dazu Schadewaldt 1960: 346.

auf der Bühne beim Betrachter als Folge einer allen Menschen eigenen Anteilnahme am Geschick des Anderen Mitleid hervorriefen. Der Phobos der *Poetik* träte dabei als auf uns selbst bezogenes Mitleid sozusagen nur noch als Begleiterscheinung des Eleos auf, der ein zu starkes Gewicht erhalte, während Eleos und Phobos in der *Poetik* paritätisch angelegt seien. SCHADEWALDT selbst gelangt zu der Erkenntnis, mit Eleos und Phobos seien bei Aristoteles „naturhafte Elementaraffekte" gemeint,[241] die durch die Vorstellung des Zuschauers hervorgerufen würden, ihm könnte ähnliches wie dem tragischen Helden geschehen. Er hält „Jammer" und „Schaudern" für die treffendste Übersetzung[242] und lehnt die abgemilderte Variante Lessings, die dem Schrecken die urwüchsige, dämonische Kraft nehme, ab. Die zentralen Konnotationen des Jammers – „Wehklage, Tränengüsse, Rührung des Zuschauers angesichts des dargestellten Leids" – und des Schauderns – „Schrecken, Herzbeben, Haaresträuben" – würden im Lessingschen Fall nur ungenügend wiedergegeben.[243]

Die Katharsis

Der Begriff „Katharsis" taucht bei Aristoteles nur einmal auf und wird nicht näher erläutert, bietet dementsprechend viel Raum zur Spekulation. Goethe stellt grundsätzlich in Frage, dass die Tragödie den Menschen bessern könne, Lessing verlangt ebendies von jeglicher Dichtung.[244]

Die Katharsis, die in engem Zusammenhang mit den oben behandelten Eleos und Phobos zu sehen ist, erhält bei Lessing wie jenes Begriffspaar eine starke moralische Prägung und wird offensichtlich als Besserung des menschlichen Seelenzustandes verstanden.[245] SCHADEWALDT sieht die Katharsis bei Aristoteles in einer medizinisch-kultischen Tradition und widerspricht zugleich jedem Versuch, hier eine moralische Wirkung in Form einer grundsätzlichen Besserung oder Läuterung des Menschen zu vermuten. Er vergleicht die Katharsis einer medizinischen Reinigung und entdeckt in ihr die „nähere Charakterisierung der für die Tragödie spezifischen Lust und Freude" als Folge einer Erleichterung wie bei einer erholsamen Kurbehandlung, die eine

---

[241] Vgl. Schadewaldt 1960: 349/354.
[242] Fuhrmann wählt die gleiche Übersetzung in der Poetik.
[243] Vgl. Schadewaldt 1960: 361.
[244] Vgl. ebd.: 383f.
[245] Vgl. ebd.: 365f.

„Rückkehr des Organismus aus einem Gestörtsein in die naturgemäße Harmonie" bedeute.[246]

Diese medizinische Heilbehandlung der Seele scheint er so zu verstehen, dass Eleos und Phobos dem Theaterbesucher quasi als Medikamente „verabreicht" und im Zuge der Reinigung wieder ausgeschieden werden, was eine Erleichterung und in Verbindung damit Lust oder Freude bewirke. Dies wiederum sorge für die Wiederherstellung des seelischen Gleichgewichts. Auf diesen Kern lasse sich die Wirkung der Tragödie im Sinne der *Poetik* bringen.[247] Tragödie und damit auch die Katharsis ist mit SCHADEWALDT also nicht als erzieherische Veranstaltung, sondern wohltuend unterhaltende Behandlung im Dienste der Seelenhygiene zu begreifen und das Theater demnach, zugespitzt formuliert, als eine Art Kurhaus, während es bei Lessing eher den Anstrich einer pädagogischen Einrichtung zu haben scheint.

Aristoteles bezieht dazu, wie eingangs erwähnt, in der *Poetik* nicht weiter Stellung. Es bleibt der Reflexion des Lesers überlassen, welche Position er einnimmt. Die Diskussion, die diese Begriffe entfacht haben, zeigt jedoch, dass es ganz offensichtlich um fundamentale Vorgänge im menschlichen Innern geht, von denen hier die Rede ist, die nicht nur zur Zeit der griechischen Antike aktuell waren, sondern Menschen zu allen Zeiten bis in die heutigen Tage zum intensivem Nachdenken angeregt haben.

Im Anschluss soll nun untersucht werden, wie in Aristoteles' Augen die ideale Tragödie beschaffen sein muss, damit die tragische Wirkung entsteht, d.h. Eleos, Phobos und die Katharsis zustande kommen.

Die Nachahmung von Handlung – Der Mythos

Mit der Bezeichnung „Mythos" meint Aristoteles die „Zusammenfügung von Geschehnissen" und erhebt diesen zum „Fundament" und gar der „Seele der Tragödie".[248] Diesen Stellenwert begründet er damit, dass die Tragödie nicht „Nachahmung von Menschen", sondern in erster Linie Nachahmung „von Handlung und von Lebenswirklichkeit" sei und notfalls auch ohne Charaktere auskommen könne.[249] Das ist vermutlich nicht so zu verstehen, dass die tragische Handlung ohne Handelnde auskommen könne, aber ohne Handelnde mit ausgeprägten charakterlichen Besonderheiten. Aristoteles will mit dieser

---

[246] Vgl. ebd.: 373f
[247] Ebd.
[248] Fuhrmann 1994: 23
[249] Ebd.

Aussage wohl vornehmlich die Bedeutung des Handlungskerns und seiner richtigen Strukturierung hervorheben. LURJE spricht vom „Primat der Handlung", dem die Forderung entspreche, dass „Eleos und Phobos durch nichts anderes als die Organisation der Handlungsstruktur selbst hervorgerufen werden, d.h. in der Handlung selbst enthalten sein und von ihr selbst ausgehen müssen."[250]

Wie oben bereits ausführlich beschrieben wurde, macht Aristoteles mehrfach deutlich, dass Eleos und Phobos zentrale Bestandteile seiner Tragödienkonzeption sind. Und an verschiedenen Stellen der *Poetik* wird deutlich, dass diese nach bestimmten Gesetzmäßigkeiten in der Handlung angelegt sein müssen.[251] Zunächst einmal habe, so heißt es im siebten Kapitel der *Poetik*, die Tragödie als Nachahmung einer „ganzen" Handlung voneinander klar geschiedene Teile, nämlich Anfang, Mitte und Schluss, die organisch auseinander hervorgehen müssen, was der Forderung des Tragödiensatzes nach Geschlossenheit der Handlung entspricht. Ergänzend wird in diesem Zusammenhang angemerkt, dass die Handlung „fasslich" bleiben müsse, was Aristoteles wie folgt erklärt: „die Größe, die erforderlich ist, mit Hilfe der nach der Wahrscheinlichkeit oder Notwendigkeit aufeinander folgenden Ereignisse einen Umschlag vom Unglück ins Glück oder vom Glück ins Unglück herbeizuführen, [...] diese Größe hat die richtige Begrenzung."[252] Dieser Wendepunkt im Geschick des tragischen Helden wird von der *Poetik* als „Peripetie" bezeichnet und fällt nach Ansicht des Aristoteles im besten Fall mit einer Wiedererkennung, einem „Umschlag von Unkenntnis in Kenntnis", zusammen.[253] Dabei gilt auch hier, dass diese Dinge sich zwar überraschend aber dennoch organisch aus den Geschehnissen entwickeln müssen, also eine Überraschung, die aus dem Fluss der Ereignisse nach Maßgabe des Prinzips von „Wahrscheinlichkeit" und „Notwendigkeit" hervorgeht.[254] Wahrscheinlichkeit und Notwendigkeit sind ebenso bei der Auswahl des richtigen Charakters und dessen Erkenntnisfähigkeit zu beachten, d.h. im Hinblick auf seine Äußerungen muss es glaubhaft erscheinen, dass eine solche Person sich derartig verhält.[255]

---

[250] Lurje, Michael (2004): Die Suche nach der Schuld. Sophokles' Oedipus Rex, Aristoteles' Poetik und das Tragödienverständnis der Neuzeit. München/Leipzig. Hier: 282.
[251] Vgl. u.a. Fuhrmann 1994: 39.
[252] Ebd.: 27.
[253] Ebd.: 35.
[254] Ebd.: 53.
[255] Vgl. ebd.: 49.

Im Zuge seiner weiteren Untersuchungen, welche Beschaffenheit die ideale Hauptfigur der Tragödie auszeichnen müsse, damit die Wirkabsicht von Eleos und Phobos erreicht werde, stößt Aristoteles auf den Begriff der „Hamartia" und meint damit einen Fehler des tragischen Helden. Dabei schließt er andere Varianten aus, sowohl den vollkommen makellosen tragischen Helden, als auch den vollkommen schlechten. Zwischen diesen Extremen liege die Lösung.[256] Die Hamartia ist als Verhaltensfehler zu verstehen, also weniger einer grundsätzlichen Schlechtigkeit zuzuschreiben, die einen dauerhaft präsenten Grundzug der Figur darstellt. Es scheint hier eher eine Art Makel zu sein, der zwar im Charakter der Person angelegt ist, aber nicht ständig sichtbar ist, sondern in Augenblicken besonderer Konfrontation auftritt. Auf diese Weise ist beim Betrachter eine Identifikation möglich. Es könnte ihm genauso gehen. Er hat es hier nicht mit einer vollständigen Verdorbenheit des Helden zu tun, die ihn in einer Weise als schlecht darstellt, die eine Identifikation unmöglich macht. LURJE sieht die Hamartia als „kausalen Faktor des Sturzes des tragischen Helden" und damit weder „simples vorsätzliches Verbrechen" noch eine „vollkommen schuldfreie Handlung". Hamartia ist mit LURJE also durchaus als Makel des „mittleren" Charakters zu sehen, eine „bestimmte Schwäche, fatale Unfähigkeit, der aufbrausenden Leidenschaften Herr zu werden".[257] Wer eine Hamartia begehe, sei noch kein moralisch verdorbener Mensch; die Hamartia habe also nichts mit moralischer Schlechtigkeit zu tun. Wer durch eine Hamartia ins Unglück stürze, tue dies unverdient und könne bei den Zuschauern außerdem Eleos und Phobos erzeugen.[258]

Zusammenfassung

Es bleibt festzuhalten, dass nach der Tragödienkonzeption des Aristoteles, die geheimnisvolle Wirkung der Tragödie in der Erzeugung von Eleos und Phobos mit einer anschließenden wie auch immer gearteten Katharsis zu sehen ist. Dabei spielt die Zusammenfügung der Handlung eine herausragende Rolle; denn nur, wenn dies auf die richtige Weise geschieht, kann die der Tragödie eigene Wirkung erzielt werden.

---

[256] Vgl. ebd.: 39.
[257] LURJE 2004: 79.
[258] Ebd.

Beleuchtung der *Maria Stuart*

Im Folgenden soll in Abrissen untersucht werden, ob sich Ähnlichkeiten zu den oben skizzierten Gedanken der *Poetik* in Schillers *Maria Stuart* finden lassen. Dazu mag es hilfreich sein, zunächst einen kurzen Blick auf Schillers eigene Tragödientheorie und sein Verhältnis zur Tragödie der Antike zu werfen.

Schillers Tragödienauffassung

Schiller besaß, ebenso wie Aristoteles, eine reiche Anschauung dramatischer Praxis, die ihn ebenfalls zum Nachdenken über die ideale Beschaffenheit der Tragödie anregte und die Frage nach dem Geheimnis ihrer Anziehung auf den Menschen, obwohl sie doch dessen Leid darstelle, in ihm wachrief. Dabei stieß er bereits lange vor der Fertigstellung der *Maria Stuart* auf die *Poetik* des Aristoteles und literarische Werke der griechischen Antike, mit denen er sich intensiv auseinander setzte und die seine Ansichten zur Tragödie nachhaltig prägten.[259] So klingt auch eine gewisse Verwandtschaft zum Tragödiensatz der *Poetik* in Schillers Definition durch, nach der die Tragödie „dichterische Nachahmung einer zusammenhängenden Reihe von Begebenheiten (einer vollständigen Handlung) welche uns Menschen in einem Zustand des Leidens zeigt, und zur Absicht hat, unser Mitleid zu erregen" wäre.

Schiller bedient sich zwar der „Furcht" und dem „Mitleiden" des Aristoteles, macht aber zugleich deutlich, dass seine Hauptfigur, „keine weiche Stimmung erregen" werde, kein „individuelles Mitgefühl", sondern, dass ihr Schicksal eine „allgemeine tiefe Rührung" auslöse.[260] KÖHNKE spricht bei der Auswahl des Maria Stuart Stoffes davon, dass „die Leiden Marias in der langen Gefangenschaft […] ein rührendes, ihre Befreiungsversuche ein erregendes, die Intrigen der Gegenseite ein empörendes und schließlich der Justizmord ein mitleiderregendes Element" seien.[261] Die Rührung und das Mitleid der Lessingschen Version des Eleos werden hier hörbar.

ALT sieht, ähnlich wie bei Lessing, in diesem Mitleidsbegriff eine moralische Komponente, die im besten Falle geistige Widerstandskräfte beim Betrachter mobilisiere, angesichts der gefährdeten Freiheit des Tragödienhelden, die im Leiden desselben als höchstes Gut erkannt werden solle, damit sie fortan mit den

---

[259] Vgl. Koopmann, Helmut (Hg.) (1998): Schiller-Handbuch. Stuttgart. Hier: 98f. und 110f.
[260] Vgl. ebd.: 418.
[261] Köhnke, Klaus (1996): Schillers 'Maria Stuart' – philosophische Theorie und dramatische Praxis. In: Knobloch, Hans-Jörg/Koopmann, Helmut (Hg.): Schiller heute. Tübingen. 99/113. Hier: 101.

ihm zur Verfügung stehenden „sittlichen Mitteln" verteidigt werde.[262] Dabei spiele der Begriff des „Erhabenen" eine wichtige Rolle, das sich „bevorzugt in jenem Zusammenhang" einstelle, „wo der zur Selbstbestimmung befähigte Mensch gerade nicht aus folgerichtiger Vernunft, sondern inkonsequent gehandelt hat, unter den Auswirkungen dieses Sachverhalts leidet, zugleich aber Widerstand gegen die ihn beherrschenden Zwänge ausübt".[263] Hier klingt die Hamartia der *Poetik* an, jedoch in einer Form, die sich nicht mehr allein nach Aristoteles anhört.

Gewisse Bestandteile des oben behandelten antiken Tragödiensatzes scheinen in den Aussagen Schillers zur Tragödie und deren Handlung enthalten zu sein, andererseits treten neue, davon verschiedene Gedanken auf. Wie sich das in der *Maria Stuart* äußert, soll nun betrachtet werden.

Das Drama – *Maria Stuart*

Schiller hält sich im Wesentlichen an die Vorgabe aus der *Poetik*, die Zeit auf „einen Sonnenumlauf"[264] zu beschränken, auch wenn die Dramenhandlung eine Spanne von etwa drei Tagen erfasst und erreicht dies, indem er die Gerichtsverhandlung vor den Handlungsbeginn legt. Die „Euripidische Methode"[265] versetzt Schiller in die Lage, ein analytisches Drama zu schaffen,[266] das sich ganz auf die Rezeption des bereits vollstreckten Urteils konzentriert. Größere Sprünge in der Ortswahl werden ebenfalls vermieden, wobei Aristoteles hier keine speziellen Forderungen gestellt hat

Die Handlung ist auf die beiden Hauptpersonen Elisabeth und Maria zugeschnitten und bemerkenswert symmetrisch angelegt, sowohl was die Zahl ihrer Auftritte anbelangt, als auch hinsichtlich der Szenen innerhalb der Akte, in denen sie auftreten. Sozusagen Spiegelachse dieser Symmetrie ist der dritte Akt, in dem die beiden Königinnen aufeinander treffen und das Drama eine Art Wendepunkt erreicht. Maria erscheint in der zweiten Szene des ersten Aktes zum ersten Mal. Das gleiche gilt für den ersten Auftritt Elisabeths im zweiten Akt. „Die Unterredung mit den Vertrauten und das jeweilige Gespräch mit

---

[262] Vgl. Alt, Peter-André (22004): Schiller: Leben - Werk – Zeit. München. Band 2. Hier: 90f.
[263] Ebd.: 94.
[264] Fuhrmann 1994: 17
[265] Luserke-JaQui, Matthias (Hg.) (2005): Schiller Handbuch. Leben – Werk – Wirkung. Stuttgart/Weimar. S.156f.
[266] zum Begriff des „analytischen Drama" vgl. Asmuth, Bernhard (62004): Einführung in die Dramenanalyse. Stuttgart/Weimar. S.132f.

Mortimer sind an identischen Punkten der beiden einführenden Akte platziert".[267] Auf Maria entfallen 16, auf Elisabeth 17 Auftritte. Maria erhält den ersten Akt und den größten Teil des fünften, Elisabeth den zweiten und wesentliche Teile des vierten. Der dritte Akt ist der Begegnung der beiden und der Eskalation des dramatischen Konflikts in der Begegnung der Königinnen vorbehalten.

An dieser Stelle der Handlung tritt die Hamartia der tragischen Heldin Maria zutage, ihre verborgenen Leidenschaften, die sie nicht beherrschen kann, ebenso der Makel Elisabeths, ihr Neid auf die Schönheit Marias. Hier entscheidet sich das Schicksal Marias und die von Anfang an über dem Stücke schwebende Frage, ob das bereits gefällte Todesurteil ausgeführt werde, findet eine Antwort. Mögliche Empfindungen des Zuschauers werden von der Amme ausgedrückt:

> „O was habt ihr getan! Sie geht in Wut!
> Jetzt ist es aus und alle Hoffnung schwindet." [268]

Marias charakterlicher Mangel, gemäß der von Aristoteles geforderten Hamartia, drückt sich nach SAUTERMEISTER in einer Ambivalenz aus „Lebenshunger" und „stoischer Todesethik" aus. Er sieht hier eine Kombination aus moralischem Wollen und unbewältigter Vergangenheit angesichts erlittenen Unrechts, die sich als verborgene Aggressionen in der Begegnungsszene des dritten Aktes Bahn breche.[269] Und tatsächlich liegt eine solche Vermutung nahe. Zu Beginn des dritten Aktes sind die Sätze Marias in Reimform gefasst und entsprechen damit dem neu entfachten Lebenshunger, der sich in der aufkeimenden Hoffnung ihrer Freiheit entfaltet, nur um gleich im Anschluss im Angesicht der Begegnung mit Elisabeth ins Gegenteil zu kippen. Düstere Gedanken bemächtigen sich ihrer beinahe dämonengleich:

> „In blutgen Haß gewendet wider sie
> Ist mir das Herz, es fliehen alle guten
> Gedanken, und die Schlangenhaare schüttelnd
> Umstehen mich die finstern Höllengeister." [270]

---

[267] Alt 22004: 94
[268] Von Wiese, Benno/Blumenthal, Lieselotte (Hg.) (1948): Schillers Werke. Nationalausgabe. Maria Stuart. Die Jungfrau von Orleans. Band 9. Weimar. Zitiert als NA 9. Hier NA 9: 2452-2453
[269] Sautermeister, Gert (21983): Maria Stuart. Ästhetik, Seelenkunde, historischgesellschaftlicher Ort. In: Hinderer, Walter (Hg.): Schillers Dramen. Neue Interpretationen. Stuttgart. 174/216. Hier: 192.
[270] NA 9: 2184 -2187.

Hier wäre nach Aristoteles der Wendepunkt der dramatischen Handlung zu sehen, an dem die unterdrückten Neigungen und ungeläuterten Leidenschaften der beiden Charaktere aufeinander treffen und ein Umschwung des Schicksals einsetzt.

Die Begegnung der beiden Hauptfiguren lässt sich wohl nicht als Wiedererkennung bezeichnen, wie in der *Poetik* gefordert (wo als Beispiel der *Ödipus* genannt wird). Diese fällt mehr oder weniger mit der Peripetie zusammen. Ob man jedoch von einer Peripetie im Sinne des Aristoteles sprechen kann, ist zweifelhaft; denn ob Maria dadurch einen Umschlag vom Glück ins Unglück oder umgekehrt sprechen kann, ist genauso fraglich, wie im Falle Elisabeths. Schließlich wirkt Maria zunächst wie die Triumphierende und auch im Angesicht des Todes ist ihr kein Leid anzumerken, vielmehr sind es ihre Vertrauten, die wehklagen. Elisabeth kommt eher einer Geschlagenen gleich – sie bleibt, von ihren Vertrauten verlassen am Ende der Tragödie einsam zurück, ihrer Sorgen durch den Tod der Konkurrentin keineswegs entledigt.

Die Darstellung der Heldin, die ihr Schicksal würdevoll erträgt passt zur weiter oben angedeuteten Idee Schillers vom „Erhabenen", das wohl eher an Maria Stuart denn Elisabeth vorgeführt wird. Bei aller Symmetrie der Handlungsstruktur ist das Drama schließlich nach ihr benannt, was nahe legt, dass sie die Trägerin des Leitgedankens ist. Eine solche Vermutung wird dadurch erhärtet, dass Marias Konfrontation mit dem Leiden, sprich der Gefangenschaft und dem drohenden Tod, von Anfang an gezeigt wird und bis zur Vollstreckung des Urteils das beherrschende Thema ist. So kann an ihr der Umgang mit dem Leid demonstriert, das Erhabenheitsmotiv entfaltet werden, dass im sechsten Auftritt des fünften Aktes einen Höhepunkt findet, wo Maria im Gegensatz zum sie umgebenden Schmerz als Königin auftritt, gleichsam als Siegerin über den Tod, ganz im Gegenteil zu Elisabeth, die trotz aller irdischen Macht einsam und innerlich zerschlagen am Ende des Dramas zurückbleibt. Die Hamartia der tragischen Heldin bewirkt bei Schiller also nicht mehr Eleos und Phobos, um den Zuschauer von diesen Wirkungen zu reinigen, sondern konfrontiert ihn mit der Schönheit der inneren Freiheit, die dadurch sichtbar wird, dass die Heldin sich vermöge derselbigen über ihr Schicksal, den Tod, hinwegsetzt, indem sie es akzeptiert, die Lebenden sogar noch tröstet.

Sautermeister sieht in der ästhetischen Theorie Schillers seit Wallenstein eine Differenzierung zwischen Werk und Wirklichkeit, die sich nicht in einer Verklärung von Realität übe, sondern vielmehr „das empirische Material der

Geschichte" auf „Grundzüge und Triebkräfte hin deutlich" mache.[271] Das klingt wieder sehr nach Aristoteles, der eben auf diese Weise den Dichter vom Historiker unterscheidet, dass er grundsätzliches quasi symbolhaft darstelle[272] und passt zu der Feststellung, dass Schiller, dem Aristoteles gleich, dem Mythos, der Fabel, besonders hohen Stellenwert beimesse,[273] genauso wie die Ansicht, dass die Dichtung sich gewisse Freiheiten der Geschichte gegenüber herausnehmen könne, die ihrem Zwecke dienen.[274] Es bleibt jedoch zu prüfen, ob Schiller und Aristoteles diesen gleich beurteilen.

Schluss

Schillers *Maria Stuart* ist als analytisches Drama von den Enthüllungsdramen der antiken griechischen Vorbilder nach Beispiel des Sophokleischen *Ödipus* geprägt, wie ihn auch Aristoteles in der *Poetik* oft zur Veranschaulichung seiner Tragödientheorie hinzuzieht. Die Prägung durch die Beschäftigung mit den attischen Tragödien und der *Poetik* des Aristoteles wird auch dadurch deutlich, dass viele der Dialoge nach Art von Gerichtsverhandlungen mit Rede und Gegenrede gehalten sind, die eine bereits getroffene Entscheidung rückblickend erörtern.[275]

Eleos und Phobos sind in stark veränderter Form enthalten, wobei der Phobos weniger eine Rolle zu spielen scheint als das Mitleiden des Eleos. Beide dienen weniger dem Zweck einer Aristotelischen Katharsis SCHADEWALDTscher Deutung (s.o.), als vielmehr, wie auch die Hamartia der tragischen Heldin, der ästhetischen Leitidee des Dichters, der dabei eine Besserung des Menschen im Auge gehabt haben mag, was einer Lessingschen Idee der Tragödie näher käme.

Zusammenfassend lässt sich festhalten, dass Schiller zwar von der Tragödientheorie des Aristoteles und den Dramen der Antike beeinflusst war und auch von dort Elemente übernommen hat, aber zu einem eigenen Tragikkonzept gefunden hat.

---

[271] Sautermeister 21983: 201.
[272] Fuhrmann 1994: 29f.
[273] Koopmann 1998: 110.
[274] Vgl. ebd.: 418.
[275] Vgl. Alt 22004: 498

Bibliographie

ALT, PETER-ANDRÉ (^{2}2004): Schiller: Leben – Werk – Zeit. Band 2. München.

ASMUTH, BERNHARD (^{6}2004): Einführung in die Dramenanalyse. Stuttgart/Weimar.

FUHRMANN, MANFRED (Hg.) (1994): Aristoteles: Poetik. Stuttgart.

KÖHNKE, KLAUS (1996): Schillers 'Maria Stuart' - philosophische Theorie und dramatische Praxis. In: KNOBLOCH, HANS-JÖRG/KOOPMANN, HELMUT (Hg.): Schiller heute. Tübingen. 99/113.

KOOPMANN, HELMUT (Hg.) (1998): Schiller-Handbuch. Stuttgart.

LURJE, MICHAEL (2004): Die Suche nach der Schuld. Sophokles' *Oedipus Rex*, Aristoteles' *Poetik* und das Tragödienverständnis der Neuzeit. München/Leipzig.

LUSERKE-JAQUI, MATTHIAS (Hg.) (2005): Schiller Handbuch. Leben – Werk – Wirkung. Stuttgart/Weimar.

LUSERKE MATTHIAS (Hg.) (1991): Die Aristotelische Katharsis. Dokumente ihrer Deutung im 19. und 20. Jh. Hildesheim/Zürich/New York.

SAUTERMEISTER, GERT (^{2}1983): Maria Stuart. Aesthetik, Seelenkunde, historisch-gesellschaftlicher Ort. In: HINDERER, WALTER (Hg.): Schillers Dramen. Neue Interpretationen. Stuttgart. 174/216.

SCHADEWALDT, WOLFGANG (1960): Furcht und Mitleid? Zur Deutung des Aristotelischen Tragödiensatzes. In: THUROW, REINHARD/ZINN, ERNST (Hg.): Hellas und Hesperien. Gesammelte Schriften zur Antike und zur neueren Literatur in zwei Bänden. Band 1. Zürich/Stuttgart. 346/388.

VON WIESE, BENNO / BLUMENTHAL, LIESELOTTE (Hg.) (1948): Schillers Werke. Nationalausgabe. Maria Stuart. Die Jungfrau von Orleans. Band 9. Weimar.

Einzelbände:

Alexander Monagas: Maria und ihre Verwandlung zur 'schönen Seele' als Rechtfertigung ihrer Position als Titelheldin und moralischen Siegerin im Vergleich zu ihrer Kontrahentin Elisabeth in Friedrich Schillers „Maria Stuart"
ISBN: 978-3-638-87962-0

Dominik Gerhard: Eine moralkritische Analyse der Elisabeth in Schillers „Maria Stuart"
ISBN: 978-3-640-94823-9

Lukas Kroll: Lord Leicester und Mortimer als Kontrastfiguren – Eine Analyse anhand Friedrich Schillers „Maria Stuart"
ISBN: 978-3-656-03364-6

Erwin Leibfried: „Maria Stuart" – ein Trauerspiel: Ästhetische Reflexion einer Phase des Absolutismus
ISBN: 978-3-656-10754-5

Fritz Hubertus: Die Tragödienkonzeption des Aristoteles – Eine Untersuchung anhand von Schillers Maria Stuart
ISBN: 978-3-640-13796-1